MW00676576

TESTAMENT…

Sous la direction éditoriale de Danièle Guilbert

ISBN 2 227 320 48.6
© Bayard Éditions 1994
22, cours Albert-I�er, 75008 Paris

*Centurion et Bayard Éditions sont des marques
du département Livre de Bayard Presse.*

ABBÉ PIERRE

TESTAMENT...

Bayard Éditions

I

Dire ce que l'on sait

Me voici à quatre-vingt-un ans. Je vis depuis deux années dans cette chambre que les compagnons d'Emmaüs ont voulu peindre pour moi aux couleurs que j'aime : jaune et bleu. C'est prodigieux, la chance d'être ici, dans la maison des compagnons âgés et invalides : je peux y vivre en solitaire, presque en ermite, tout en étant au cœur de la communauté.

Ici, j'ai fait mon nid. Avec l'espoir qu'après tant d'autres à travers le monde, cette retraite sera la dernière sur terre. Oui, je suis bien ainsi, nidifié.

Sur la table de la chambre dont les fenêtres s'ouvrent sur les grands arbres d'une prairie cauchoise, il y a le dossier de mon testament. Parfois j'y glisse un petit papier… Entre le « vrai » testament et ce livre il n'y aura pas grande différence.

Dans un testament on indique comment il faut partager ce qu'on laisse. Comme je ne laisse rien qui m'appartienne en propre, ce sera simple pour l'exécuteur testamentaire ! Dans mon testament il y a juste ce que la vie m'a provoqué à penser, ce que j'ai eu envie de dire à certains moments.

La première fois que j'ai eu l'idée de faire un testament, c'était pendant mon noviciat. Déjà, à ce moment-là, m'habitait la pensée de mourir. J'avais vingt ans. Ce testament a été perdu, vingt-six ans plus tard, au cours de l'une des périodes les plus noires de ma vie dont le simple souvenir me fait encore mal. J'étais à la veille d'une opération, à bout de surmenage et d'épuisement. Le texte qui formait la partie la plus importante du dossier a été rédigé en décembre 1957 et commençait ainsi : « Depuis quarante ans que j'espère mourir... » L'autre texte important a été fait au cours de la semaine qui a précédé mon départ pour l'Amérique latine en 1963. J'écrivais : « Je porte en moi la conviction que c'est là que Dieu me prendra... » Et le bateau qui me transportait de Montevideo à Buenos Aires a fait naufrage !

Enfin j'ai pris l'habitude de glisser dans le dossier des petits papiers, et je continue à le faire. Le plus récent, c'est celui que j'ai écrit une nuit où j'avais la fièvre, au Sahara, à 2 800 mètres d'altitude. Ces petits papiers, je les ai intitulés « confidences ». Je les ai ajoutés un à un les jours où je me sentais mal, après une réunion difficile, un travail épuisant. Je les laissais sur la table... « Si

demain j'étais mort. » Souvent, j'écris simplement :
« Seigneur, viens ! » Car ce sont les moments où
j'ai l'espérance que cette fois, ça y est, que cette
fois, enfin ! je vais quitter les ombres du temps…

En vieillissant, peu à peu, on prend conscience
d'un devoir. D'abord on résiste, parce que cela
semble présomptueux… et puis revient avec
insistance, au-dedans de soi, une voix qui dit :
« Avant de nous quitter, dis-nous ce que tu sais. »
Si aujourd'hui je ne me soumettais pas à cet
appel, j'aurais le sentiment d'enterrer le talent d'une
existence. Non pas les mérites de ma personne,
bien sûr, mais ce que les circonstances de la vie
dans laquelle j'ai été trimballé m'ont fait comprendre, souvent après bien des résistances.

Dire ce que l'on sait… On s'aperçoit, quand
on veut essayer, que cela se ramène à un très petit
nombre de certitudes.
Pour moi, il y en a trois : l'Éternel est Amour
quand même, nous sommes aimés *quand même*, et
nous sommes libres *quand même*. Ah ! si je réus-
sissais à communiquer ces trois certitudes !

Ce que je sais n'est pas toujours dicible. Par
moi d'abord. À plus forte raison, par d'autres. Ce
qui est dit par d'autres est l'écho – qui a aussi sa
valeur – non pas de ce que j'ai dit, mais de l'effet
que mes paroles ont produit sur eux.

Cet appel ne tarde pas à se faire obligation. Cette
contrainte, elle est du domaine apostolique et elle

est affective. Je l'ai ressentie pour la première fois à travers la demande que m'ont adressée mes cent vingt-trois neveux et nièces : ils voulaient que je réponde à leurs questions à l'occasion du cinquantième anniversaire de mon ordination de prêtre qui devait tous nous réunir pour la Pentecôte en 1988. Quelque temps auparavant, j'avais reçu la liste de leurs questions, bien rédigées, classées... Il y en avait quatre-vingt-quatre. Les amis à qui je les ai montrées n'ont cessé de me dire : « Il faut y répondre, ce sont les questions que se posent aujourd'hui tous les gens de bonne volonté ! » C'est sans doute vrai, car parmi mes neveux et nièces il y a de tout : des gardiens de nuit, des PDG, des mères et des pères de famille qui approchent de la cinquantaine, des adolescents qui, d'ailleurs, ont posé, incognito, les questions les plus pertinentes, révélant des interrogations que leurs parents sont loin de soupçonner.

J'ai donc consenti à répondre à ces questions ; j'en ai pris le risque, sachant que parfois elles étaient indiscrètes, touchant au fond des choses, à l'intime. Je commençais aussi à être plus ou moins conscient qu'il me fallait dire les choses autrement que lorsque je m'exprime en public. Et je me suis rendu compte que chacune des réponses s'adressait à toutes les filles et à tous les garçons, à toutes les mamans et à tous les papas, à tous ceux qui travaillent, qui étudient, qui se trouvent au chômage, etc. Je me suis rendu compte aussi qu'on dit peu, trop peu, eu égard à l'immense soif de comprendre qui, plus que jamais, traverse l'humanité tout entière.

Car on m'interroge beaucoup. Davantage qu'il y a trente ou vingt ans. Depuis deux ans que je vis dans la « solitude » de cette maison de retraite, on a compté, parmi mes visiteurs inattendus, huit ministres, dont un m'a demandé d'être son second sur sa liste des élections européennes.

Cela s'explique : il y a trente ans, l'économie était en croissance continue ; c'était le paradis ! Tout marchait, tout le monde avait un travail, on n'avait pas à se casser la tête pour chercher des buts... Et puis voilà qu'après le plein emploi, il y a eu les grandes crises du pétrole, le chômage. Bref, aujourd'hui, on est coincé. Les situations désastreuses se multiplient, dont beaucoup sont sans espérance. Bien sûr, dans les débuts d'Emmaüs, on me posait des questions : elles jaillissaient de la vie, et dans le mouvement de la vie les réponses venaient. Mais je n'ai pas entendu alors l'interrogation qui revient sans cesse aujourd'hui, même si elle n'est pas toujours clairement formulée : celle du sens de la vie.

Je me suis évidemment demandé pourquoi elles venaient à moi, ces questions. C'est peut-être parce que, au long des années, au fil de mes colères, tout le monde a pris conscience que l'on se débattait tous dans le même fleuve. Surtout, je crois que, au-delà de ce que je suis – défauts et qualités, passion et raison –, il reste que j'ai été l'instrument d'une succession de circonstances exceptionnelles qui, mises bout à bout, ressemblent à une bande dessinée : jeunesse turbulente d'un bourgeois – entrée au couvent – sept ans de vie cloîtrée chez les capucins – la maladie – la guerre – le prêtre résistant et décoré – le parlement – le curé-député qui accueille dans sa maison un forçat-assassin – et qui, avec lui, commence à bâtir pour les sans-abri… Je n'y étais pas pour grand-chose, si ce n'est que je ne me suis pas dérobé ; j'ai consenti à des situations devant lesquelles soit on fiche le camp (on ferme les yeux, on n'a rien vu), soit on a l'imprudence d'y mettre le petit doigt, et alors on n'en sort plus ! Le Bon Dieu a joué son jeu ; moi, j'ai accepté de jouer le mien. Parfois bien. Parfois mal. Avec des joies et avec des larmes.

À dix-neuf ans, j'écrivais dans le journal que j'ai tenu jusqu'à mon entrée chez les capucins : « Dieu m'a donné pour mère une vaillante, pour père un généreux. N'était-ce pas m'obliger à être un héros ? Cette vaillante et ce généreux, Dieu m'a donné en plus qu'ils soient chrétiens vrais. N'était-ce pas me vouloir un saint ? » Cinquante ans plus tard, quand on me demandait : « Dans quel esprit cela fait-il vivre d'avoir été le fondateur d'Emmaüs ? », je répondais : « Cela fait vivre dans un état… d'humiliation. Chaque jour, je ressens la blessure humiliante de ce que je n'ai pas pu faire pour ceux auxquels on ne peut pas dire notre mot de joie : "Entre, on t'attendait." »

Dans ce que j'espère exprimer ici reviendront des phrases qui sont comme des slogans : « Servir premier le plus souffrant », « La joie dans le partage », etc. Ces notions fondamentales sont les points d'appui de tout un édifice. Un édifice non pas de pensées au sens intellectuel du mot, mais fabriqué, dans mon cas, par la vie devenant idées. À travers ces propos, vous retrouverez des choses que j'ai dites publiquement, et parfois même la manière, le ton sur lequel je les ai prononcées. Je prétends souvent que les idées claires me viennent en parlant, en agissant. Chez moi, ce ne sont pas les idées qui suscitent l'action. Les actions s'accumulent : une, puis deux, puis cinq, et il arrive un moment où ça devient une idée, une pensée claire.

C'est de cela qu'est fait « ce que je sais » et ce qui, presque à mon insu, s'est réalisé, aboutissant à faire naître le « mythe Abbé Pierre ».

II

Ne nous trompons pas de colère

Depuis quelque temps, il m'arrive d'éprouver le sentiment que je ne m'appartiens plus. J'ai la sensation d'être un objet que l'on place là – « Tiens, ici ça fera bien » –, comme on met le couvert sur une table. On utilise même ma photo pour des couvertures de livre sans me demander mon avis ! Bon. Admettons que je fasse partie du paysage. Mais que l'on n'attende pas de moi que je reste tranquille ! Si tu souffres, j'ai mal. Alors, il y a des moments où ça crie en moi, parce que le mal des autres, véritablement, devient le mien. Si bien que lorsque j'interviens, je ne me pose pas de questions. Rien, jamais, n'a été pour moi l'abou-tissement d'un calcul. Je ne choisis pas. Ou je la boucle, ou ça sort. Sans ménagement.

Un jour, je me retrouve sur un banc à côté de Mgr Gaillot, pour manger un sandwich. C'était pendant la fête des cinquante ans de la JOC. Il se penche vers moi :

« Expliquez-moi un mystère… Moi, dès que je dis un mot, on me tape dessus. Vous, vous en dites dix fois plus, et ça passe très bien !

– Premièrement, c'est que je ne suis pas évêque. Deuxièmement, je crois que le Bon Dieu m'a donné une espèce d'instinct de l'insolence mesurée. Je sens jusqu'à quel point je peux gueuler. Au-delà, je me ferais plaisir, mais ça ne serait pas efficace parce que ceux à qui je m'adresse ne sont pas prêts à en entendre plus. »

Qu'on ne me demande pas d'être prudent ou de mûrement réfléchir avant de prendre une décision. Qu'on ne me demande pas non plus d'être sage, comme on dit à un enfant : « Sois sage. Ne bouge plus. » Ce n'est pas la peine. Je n'aurai jamais cette sagesse-là. C'est ainsi, je suis bâti comme cela.

L'irascible est une des vertus de l'homme. Sans doute parce que ça simplifie les choses, on apprend généralement aux enfants que la colère est un vice. Mais alors, Jésus était vicieux, lui qui a renversé les tables des marchands du Temple ! L'irascible en vérité est une virtualité, tout comme la sympathie ou l'intelligence. Et ce qui la fera vice ou vertu, c'est l'objet auquel on l'applique. Voyez par exemple comment la colère peut révéler ce que nous aimons : si je me mets en colère parce que j'ai perdu au jeu, ça montre que ce que j'aime, c'est moi ; si je me mets en colère pour protéger l'autre, pour le délivrer, cette colère-là révèle mon amour pour l'autre.

C'est difficile, cette notion-là... Mes neveux m'ont demandé un jour : « As-tu connu la haine ? » Non. Il est vrai que je n'ai pas eu à combattre les armes à la main, je n'ai jamais été dans la situation d'avoir à tuer quelqu'un. Mais, par exemple, quand j'ai été arrêté, en 1944, à Cambo-les-Bains, je n'ai éprouvé aucun sentiment de haine pour l'Allemand qui me disait : « *Komm, komm, Gestapo !* », alors qu'il m'entraînait hors de la ville. À ce moment-là, je le confesse, je n'ai vraiment eu qu'une pensée : « Ouf ! ma tâche est finie ! »

J'ai de la haine pour les actes mauvais des hommes, mais je ne peux pas avoir de la haine pour les personnes. Ce que je ressens plutôt, c'est de l'accablement : « Comment est-ce, Dieu, possible ? »

Je pense que, dans l'histoire de l'humanité, les guerres viennent en partie de ce qu'on n'a pas su montrer à l'homme les vrais buts sur lesquels mobiliser cette énergie irascible qui est en lui. Quand on est raciste, par exemple, on se trompe de colère, on utilise les forces irascibles contre celui qui est différent de soi. On en a peur, on le soupçonne d'être porteur de tous les malheurs, on se prend de haine pour lui...

15

Quand on s'indigne, il convient de se demander si on est digne. Digne par exemple de venir en aide à ceux qui souffrent. C'est mon père qui me l'a fait comprendre à travers une phrase extraordinaire de saint Vincent de Paul. Je l'entends encore me dire : « Comme c'est difficile d'être digne de servir ceux qui souffrent tant. » Ce dimanche-là, il nous avait emmenés, mon frère Léon et moi, dans une salle où, chaque semaine, avec un groupe d'amis, bourgeois lyonnais comme lui, il se retrouvait au milieu des mendiants : il leur coupait les cheveux, chassait la vermine, leur servait à manger... L'indignation pourrait avoir beau jeu de nous donner bonne conscience. Pourtant, elle ne dispense pas de l'action.

Pour ma part, je sais que je ne m'indigne pas de la même façon qu'un militant, même si c'est un militant d'Emmaüs. L'indignation naît dans la cave, au plus profond de moi-même. Alors, je ne songe pas à comparer, ni à me dire : « Et les autres ? Ils s'en foutent, eux ! » La seule chose qui compte à ce moment-là, c'est ceux qui sont des victimes et qu'on laisse crever. C'est là que la colère éclate. Plus tard viendra la colère de voir que l'indignation n'est pas universelle... Plus tard viendra la conscience que l'État, la République, les Nations unies ne font pas leur boulot ! À propos de l'aide aux pays du tiers monde, il y en a qui disent : « Pourquoi vous en faites tant pour ceux qui sont loin, alors que ne manquent pas les misères chez nous ? » Si l'on y regarde de près, on voit que ceux qui tiennent ces propos sont ceux qui en font le moins pour les malheureux à côté d'eux !

Cette façon que j'ai de m'indigner montre que je suis passionné. Mais il faut être passionné pour réussir sa vie ! Sans doute n'oserais-je pas dire que j'ai réussi la mienne, mais je reconnais qu'il est vraiment bon par moments de savoir qu'un effort, une action ont été contagieux, que d'autres se sont engagés, que de belles réalisations ont pu naître. Quand je dis cela, une image me vient immédiatement à l'esprit : celle de l'âne portant les reliques… Je n'ai jamais cru que l'encens qu'on répand sur les reliques soit destiné au bourricot !

III

C'est difficile d'être un homme

Récemment on m'a demandé : « Est-ce que c'est difficile d'être un homme ? » Je n'ai pas répondu tout de suite. Des questions de ce genre me rappellent que j'ai pris le risque, en les autorisant, d'être touché dans mon intimité. Elles me rappellent aussi que « ce que je sais » inclut la part d'irréductibles mystères – je parlerai plus loin de celui de la foi – et la part d'ombre que chacun, plus ou moins consciemment, conserve au-dedans de lui.

Cette question, je l'ai considérée de plusieurs manières : d'une part, il y a la difficulté d'être humain, que l'on soit femme ou homme ; d'autre part, il y a l'aspect particulier qui est d'être « homme » au masculin. Oui, c'est difficile d'être humain bon, parce que l'énigme du mal existe.

Nous portons en nous ces deux pôles qui exercent chacun leurs attraits : celui du bon et celui du mal. Tantôt c'est l'un, tantôt c'est l'autre qui semble le plus fort. Comment résister au mal ? Pour moi, tout au long du chemin de ma vie, le soutien a été, est, l'Adoration, la prière sous toutes ses formes. Pour lutter contre le mal, l'Adoration est le remède absolu. De même que, l'expérience nous le prouve, quand on a la foi, le sacrement de l'Eucharistie qui comporte en lui-même le pardon donne la force qui aide. Avec la prière d'Adoration, ce sont, à condition qu'on en ait le don, les deux points d'appui très forts pour être humain.

J'en viens à la question d'« être un homme ». J'ai lu, il n'y a pas longtemps, cette phrase d'un psychologue dont j'ai malheureusement oublié le nom : « Il est plus facile d'être une femme adulte qu'un homme adulte. » Il expliquait que la femme éprouvait moins de difficulté à s'affirmer, pour des raisons qui tiennent à son corps, fait pour porter la vie. Alors que devenir viril pour l'adolescent ne va pas de soi ! Je le conçois, moi qui ai eu pourtant cet exceptionnel privilège de n'être jamais entré dans l'âge adulte. Cette période où un homme en termine avec l'adolescence, je l'ai vécue – de dix-neuf à vingt-six ans – complètement cloîtré. Et quand les événements m'ont obligé à quitter le couvent, c'est un adulte resté gosse qui en est sorti ! Trois mois après, j'étais mobilisé et je me retrouvais pris dans la guerre. Mais j'ai été très vite évacué d'Alsace à cause d'une pleurésie et je n'ai donc pas vécu les moments déchirants de la déroute. J'étais à l'hôpital de Narbonne quand j'ai appris par un haut-parleur la nouvelle de la capitulation. Ensuite, d'une manière toute simple, la Résistance s'est présentée à moi, inévitable. Puis tout s'est enchaîné. Je n'ai pas eu à prendre des décisions d'homme, je n'ai pas eu à me définir, comme un homme est obligé de le faire.

Les psychologues disent : il y a chez tous les êtres humains une bisexualité. Or, on exige de l'homme qu'il se dégage de tout ce qu'il peut y avoir de féminin en lui. Par ailleurs, il me semble que pour un homme il est d'autant plus difficile de se définir que la condition féminine, elle, a complètement changé. L'homme n'est plus celui qui commande à tout ; il est obligé de dialoguer. C'est quand même plus facile d'être l'adjudant – tout le monde en rang ! – que de vivre dans la concertation permanente...

La part féminine en moi, je l'ai fortement ressentie, ce qui ne signifie nullement une quelconque attirance pour les relations homosexuelles. Ainsi, j'ai toujours vécu l'action avec une grande spontanéité. C'est probablement assez féminin, et je n'en suis pas du tout fâché. Je n'en ai jamais fait l'analyse, mais je crois qu'accepter cette part féminine qui est en moi m'aide à mieux percevoir ce qui se passe entre les hommes et les femmes. C'est peut-être pour cela aussi que j'ai le sentiment de mieux comprendre l'homosexualité des femmes que l'homosexualité des hommes : nos premières tendresses, celles que l'on reçoit de la mère, ne sont-elles pas celles d'une femme ?

Je connais des homosexuels et j'essaie de leur offrir de l'amitié. Je sais à quel point certains ont été rejetés, humiliés. Cette exclusion, cette malédiction en a conduit certains à devenir provocateurs. C'est dommage, parce qu'ils accroissent ainsi la souffrance de leur vie. Je me suis beaucoup intéressé à ce que le nouveau *Catéchisme de l'Église catholique* dit à leur propos. Il leur consacre trois paragraphes qui commencent ainsi : « Une quantité non négligeable... » Cette formule m'a fait sauter au plafond : à partir de quel nombre des hommes deviennent-ils quantité non négligeable ? La suite montre cependant un effort de compréhension pour ceux que l'on considérait avant comme vicieux : « ... d'hommes et de femmes présentent des tendances homosexuelles foncières. Ils ne choisissent pas leur condition », ça, c'est nouveau, plus humain. Continuons : « Elle constitue pour la plupart d'entre eux une épreuve. Ils doivent être accueillis avec respect, avec compassion... (si j'avais eu mon mot à dire, j'aurais laissé tomber "compassion" dont la signification est belle – souffrir avec – mais qui peut sembler condescendant) ... avec respect et délicatesse. » Bravo ! « On évitera à leur égard toute marque de discrimination injuste, car ces personnes sont appelées à réaliser la volonté de Dieu... » C'est bien.

Ces réflexions se sont enchaînées parce qu'on m'a demandé s'il était difficile d'être homme. Je pense qu'il est tout aussi difficile de vivre en couple. J'aimerais bien savoir à ce propos s'il vaut mieux être dans le rôle de Madame ou de Monsieur. Je crois que, l'un comme l'autre, ils diraient : « C'est chacun son tour ! »

C'est d'autant moins facile de former un couple que, je le disais plus haut, la condition de la femme a profondément changé. La femme, parce qu'elle a quelques kilos de muscles en moins, a vécu depuis l'origine sous la protection du mâle. Le jour où Madame a eu la possibilité d'aller en voiture là où elle avait envie d'aller et, s'il le fallait, de menacer le costaud qui l'agressait avec une arme maniable, elle est devenue davantage maîtresse de son destin. Avec l'avènement de la planification des naissances, on peut parler d'un complet retournement.

Malheureusement, au sein de l'Église, la place de la femme est trop souvent celle de la « bonne du curé ». Ce n'est pas normal ! Où est-il dit dans l'Évangile que le sacrement de l'ordre devait être réservé à l'homme ? Il y est écrit que les douze apôtres étaient là le jeudi saint. On ne précise pas si Marie était là ; rien ne dit qu'elle n'y était pas ! Et l'Église, à l'époque, était forcément captive des mœurs de la société de son temps.

Sans être expert, je pense que, théologiquement, il n'y a pas d'arguments contre l'accès des femmes au sacrement de l'ordre, si ce n'est ceux, de convenance, qui reflètent les modes de pensée dans lesquels ont été éduqués nos prélats.

La femme dans l'Église est doublement exclue, car elle l'est aussi par la règle du célibat sacerdotal. Or, le célibat des prêtres, chez les catholiques de rite romain, n'a pas été décidé par la hiérarchie. Ce fut, au Moyen Âge, l'expression d'un désir populaire, les fidèles souhaitant que leurs prêtres soient choisis parmi les moines. Je suis presque certain qu'après le pontificat de Jean-Paul II on acceptera d'autres initiatives dans l'esprit du concile Vatican II. Le concile devait être un *aggiornamento,* une mise à jour. De ce point de vue, c'est raté. Ça a plutôt été un ajournement.

À cause de cela, je ressens l'Église comme mutilée, étant en bien des points d'accord avec le livre de Virginia Mollenkot, *Dieu au féminin*.

J'espère, pour en revenir à notre société, que les femmes ne vont pas jouer à l'homme, oubliant ce qui fait leur spécificité, caractérisée par des dons naturels que l'homme n'a pas. Elles y perdraient le meilleur d'elles-mêmes. Et l'homme aussi. Parmi ces dons, il y a la maternité. Neuf mois durant, la femme sent la vie peser en elle. Elle connaît alors une expérience vitale que l'homme

---

ne vivra jamais. Par les cycles qui rythment la vie de son corps, la femme est liée à l'universel, à l'universel vivant ; elle vit en union mystérieuse avec la pulsation de l'univers. Je pense qu'il y a là une richesse de l'humanité, quelque chose comme du sacré.

IV

Le sacré

On pourrait penser que le lien de l'humanité avec le mouvement des astres, avec la pulsion de l'univers, a perdu de son mystère. Le mot « cosmos » est devenu d'usage courant, alors que dans ma jeunesse il n'était guère utilisé que par les chercheurs – les scientifiques, les philosophes. Pour les enfants, l'incommensurable fait désormais partie de leur univers mental, et ce dès leur premier âge.

On sait aujourd'hui tellement de choses sur le cosmos, sur le vivant... Pourtant, j'ai entendu récemment un savant dire : « Plus j'avance en science, moins je suis sûr de la matière, plus je suis sûr de l'esprit. Je cherche, et la matière m'échappe... » Plus on approfondit les théories – la théorie des ondulations de Broglie, les quanta –, plus les interrogations s'élargissent.

Excepté le bêta plein de suffisance parce que plein d'ignorance, l'homme désormais n'attend plus de la science qu'elle lui dise tout. Notre orgueil a été battu en brèche et, grâce à cela, nous redécouvrons l'Inconnu. Peut-être serons-nous enfin capables de reconnaître que nous ne sommes pas les maîtres !

De même que l'homme primitif savait réserver à l'Inconnu sa part, peut-être saurons-nous admettre qu'il faut bien qu'on en prenne un peu en nourriture, mais que ce n'est pas à nous ! C'est sacré. Sacré, cela veut dire séparé, à part et, en définitive, à un autre : on n'y touche pas. Cette image est très belle. Nous, les humains, nous sommes sacrés en ce sens que nous ne nous appartenons pas. Les croyants vont même plus loin : pour eux, pour moi, nous appartenons à l'Éternel.

Il y a dans l'histoire de l'homme un moment qui me bouleverse. C'est celui où les humains ont aligné leurs morts pour les enterrer. On n'a jamais vu les chiens aligner les dépouilles des chiens. Les animaux se cachent pour mourir... À partir du moment où les restes des défunts ne sont plus laissés là, mais soigneusement rangés, un nouvel âge commence : celui de l'humanité.

Par ailleurs, mais je n'ai pas approfondi cette réflexion, je crois que, un peu partout dans le monde, dès qu'apparaissent des traces réellement humaines, apparaissent aussi des traces de sacrifices qui révèlent l'importance du sang. Au temps où Jésus vivait, le Temple était un gigantesque abattoir où gueulaient les agneaux et les bœufs, ça puait la crotte et le sang à tel point qu'il fallait faire couler de véritables rivières autour de l'enceinte. L'Eucharistie, c'est, soudain, la fin du sang versé et le sacrifice offert à partir de ce qui est le plus élémentaire, le pain et le vin. C'est par ces aliments très ordinaires que Dieu, avec tout son amour, se donne aux hommes, les invitant eux aussi à se donner les uns aux autres et à renoncer à verser le sang dans leurs querelles. N'oublions pas que le mot « Eucharistie » veut dire « merci ». C'est l'expression d'une gratitude envers la source de vie.

Imaginons un instant un petit d'homme placé dans une bulle où il ne subirait aucune influence, profane ou sacrée. Je suis convaincu qu'il porterait quand même en lui du sacré.

Une fois sorti de la bulle, il sera attiré vers le profane, la pseudo-satisfaction, la suffisance. Mais dans la rumeur du temps, voilà qu'une Mère Teresa, et cent mille autres, inconnus mais magnifiques, « provoquent » par ce qu'ils sont, par ce qu'ils font. Et par là, le sacré refait brutalement surface. Alors on verra sur les lèvres du petit d'homme qui sortait tout neuf de sa bulle un sourire narquois pour tout ce qui appelle à la profanation. Car la profanation est destructrice de sens. C'est une poussée vers le néant. Sans le sacré, la réalité perd l'équilibre. Avec l'occultation du sacré monte le risque de la barbarie.

La barbarie menace l'humanité. Elle est en elle. Nous l'avons vue à l'œuvre avec l'holocauste. Le crime contre l'humanité, le crime absolu, provoque l'effroi – parce que du sacré a été touché. Il serait lâche – et dangereux – de vouloir échapper à l'effroi en oubliant. Oublier, c'est tricher. Tricher avec l'histoire, tricher avec soi-même.

L'holocauste rend plus aiguë que jamais l'obligation de s'efforcer d'être humain, humanisé dans ses actes et dans ses pensées. On pourrait être atterré par l'ampleur de la tâche, car, où que l'on tourne son regard, on ne voit que des atrocités. Et on ne sait pas quoi faire.

L'homme d'aujourd'hui est colossal par l'énormité des responsabilités qui pèsent sur lui, et minuscule devant l'immensité des tâches qui de toutes parts l'appellent. Mais on ne peut pas, sous prétexte qu'il nous est impossible de tout faire en un jour, ne rien faire du tout ! Gardons au cœur l'impatience de faire. Et l'indignation dans l'action.

V

Condamnés à tout savoir

Nous entrons dans un âge totalement nouveau
où l'humanité entière est condamnée à tout savoir.

Il suffit que j'ouvre la radio pour être sub-
mergé par les nouvelles du monde. En un instant,
tout m'est jeté aux oreilles. Mais ce « tout » n'est
pas tout. Les médias sont d'abord à l'affût du sen-
sationnel, puis ils agissent comme des loupes.
Parmi tous les événements du monde, le maga-
zine ou le journal télévisé va choisir celui-ci ou
celui-là et le grossir de telle manière que notre
conscience en sera envahie. Ces effets de loupe
peuvent conduire à de véritables trahisons.
Récemment, après avoir répondu aux questions
des journalistes à propos du malheur de ceux qui
sont sans toit, je leur ai dit : « Traiter ces questions en une ou deux minutes, ce serait mépriser
et les spectateurs et les sans-logis ! Si on ne me

garantit pas le temps nécessaire pour parler de sujets aussi graves, je me tais. »

Nous ne pouvons nous contenter de consommer avec insouciance l'information, choisie sans nous, qui nous est ainsi distribuée. Trop nombreux sont les téléspectateurs qui ne regardent la télévision que pour se distraire de leurs soucis et de leurs devoirs... Ceux qui choisissent l'information avec soin savent que, malheureusement, leurs émissions sont diffusées après minuit ! Il est urgent qu'un travail soit fait, dès l'école, pour que le spectateur devienne adulte et responsable.

Car, plus que jamais, nous avons le devoir de savoir.

Ouvrons grands les yeux. Comme elle est détestable, cette étroitesse du regard que nous portons sur les problèmes quand ils ne sont pas les nôtres ! Quand dans le monde des hommes meurent encore de faim, quand en France des hommes meurent encore de froid, je crie à ceux qui nous gouvernent : « Vous êtes coupables de non-assistance à personnes en danger ! » Et nous, l'opinion publique, nous sommes complices.

Et nous le sommes encore lorsque nous regardons si tranquillement la télévision qui nous montre – c'était il n'y a pas si longtemps – assis à une même table des Américains, des Anglais, des Français avec... Pol Pot ! Et personne ne lui crachait à la figure ! On lui serrait la main, on lui faisait des courbettes... Comme si cet homme

n'était pas coupable de crimes contre l'humanité !
Comme s'il ne devrait pas comparaître devant un
nouveau tribunal de Nuremberg !

Tout cela se fait avec notre complicité, car nous
n'entrons pas dans le combat pour les valeurs
absolues. Il est vrai que souvent on ne prend
conscience du caractère absolu de ces valeurs-là
que lorsqu'elles sont violées. Témoin ce qui se
passe en Thaïlande, devenue un bordel où l'on
vient pour jouir d'enfants ! La situation était
connue et l'on s'en accommodait jusqu'au moment
où, sans que nous sachions ce qui a provoqué le
déclic, la conscience universelle a exprimé avec
force sa réprobation.

Avec la solution finale dont l'objectif était la
disparition totale du peuple juif, ma génération a
découvert le pire des outrages faits à l'humanité.

Un jour de 1943, un séminariste allemand a
demandé à me voir. On s'est installé dans un
recoin de la salle d'un grand café de la place Bellecour, à Lyon. Il a tiré de sa poche une enveloppe
dans laquelle il y avait une dizaine de photos. Sur
l'une d'elles, des hommes décharnés emportaient
des cadavres vers un amoncellement d'autres
cadavres. Je lui ai dit : « Il y a eu une épidémie ; il
a fallu prendre des mesures d'urgence pour éviter
la contagion ? » Et lui : « Non ! J'ai pris ces photos
en cachette, en risquant ma peau. Ce sont des
photos prises dans un camp où l'on extermine des
juifs. » J'ai regardé encore les photos. Et je ne l'ai

pas cru. C'était impensable. Et pourtant, j'étais dans la Résistance ; pourtant je participais au sauvetage de Juifs…

Alors que j'étais dans les conditions pour le croire, je ne l'ai pas cru. La guerre finie, j'ai rarement parlé de ces photos, tant mon incrédulité passée me faisait honte.

Quand elle sait — et elle finit toujours par savoir — la société, fût-elle planétaire, doit utiliser tous les moyens pour que cesse la barbarie. Elle doit mettre en œuvre une justice qui énonce des sentences et inflige des sanctions.

Pourquoi, lorsque l'on a appris l'existence des camps de concentration dans l'ex-Yougoslavie, les puissances politiques mondiales n'ont-elles pas immédiatement fait parachuter des commandos pour les détruire ? Pourquoi n'adressent-elles pas ce message à ceux qui pointent les canons vers Sarajevo : « Nous connaissons vos positions. Si demain vous tirez, nous les anéantissons » ?

Pourquoi le tribunal de La Haye n'a-t-il pas les moyens de rendre la justice que réclament les peuples contre des Pol Pot et des Mobutu ?

Les sanctions que nous, les privilégiés, ne savons pas réclamer, ceux qui souffrent risquent de nous les imposer, brutalement. Car, condamnée elle aussi à tout savoir, l'humanité souffrante commence à souffrir de souffrir. Sachant qu'existent les moyens pour qu'elle ne souffre plus, elle ne tolérera pas indéfiniment de souffrir encore.

Désormais, les pauvres savent comment vivent les privilégiés, ne serait-ce que par les luxueuses revues que le voyageur, descendant d'avion, jette dédaigneusement à la poubelle. Ils le savent aussi par les affiches publicitaires qui s'étalent sur les murs de toutes les villes du monde. Le plus pauvre des pauvres commence à comprendre, même s'il ne sait pas lire, que si nous vivons si bien, c'est en partie grâce à ce que nous sommes venus prendre chez lui.

De ce savoir-là naîtra une révolte qui peut, un jour, tout faire basculer. En 1965, alors que je faisais de fréquents voyages pour travailler avec les communautés Emmaüs, cela m'apparaissait déjà comme une évidence, et je l'ai écrit : « Ce temps est celui de l'impuissance des puissants et d'une incroyable puissance des faibles. »

Le déséquilibre démographique actuel entre les nations ne pourra pas durer. L'homme barricadé dans la souveraineté absolue de sa nationalité, ça devient une plaisanterie ! Pendant la guerre de 39-45, la population du Maroc, de l'Algérie et de la Tunisie représentait la moitié de la population française. Dans vingt-cinq ans, dans trente ans, elle aura triplé ! Et ce n'est pas vrai que sur les terres arides, sans fleuves, du Maghreb, les populations se tiendront tranquilles alors qu'elles savent, par les informations quotidiennes, que l'Europe, possédant le sol le plus fertile du monde, le laisse en friche et va repeupler en forêt les terres cultivables !

Un jour, à la fin d'une réunion où nous étions en face de deux ministres et de sept hauts fonctionnaires pour veiller à l'application de la circulaire Bianco relative aux demandeurs d'asile, j'ai dit : « Messieurs les ministres, vous êtes-vous préparés à ce qui arriverait si – ce n'est pas impossible – l'intégrisme l'emportait en Algérie ? Combien de dizaines de milliers prendraient la fuite pour venir chez nous ? Et on aurait bonne mine de leur faire la grimace après les avoir occupés pendant tant d'années ! » Ces hautes autorités sont restées interloquées. Elles ne s'étaient jamais encore posé la question. Or, cette hypothèse n'a rien d'impensable. Et, encore une fois, on aurait bonne mine de faire des embarras pour accueillir ces réfugiés.

Les pauvres ont des enfants, les riches limitent la natalité. Inévitablement, cela aboutira à ce qui s'est passé pour l'Empire romain décadent : les Barbares, en quelques mois, sont passés des limites des frontières au centre de Rome ! Comment allons-nous pouvoir résister au terrorisme, aux prises d'otages et à la menace atomique privée ? Nous nous réjouissons de savoir qu'à l'Est comme à l'Ouest on démolit par dizaines de milliers les projectiles atomiques, mais périodiquement l'opinion publique apprend que des citoyens de l'ex-empire soviétique vendent du plutonium au marché noir. Demain, le président de la République peut très bien recevoir une lettre disant : « Cher Monsieur le Président, si dans un délai d'un mois, vous n'ouvrez pas des négociations pour qu'un million de Maghrébins puissent venir cultiver les terres fertiles chez vous, on fait sauter Notre-Dame. Et pour prouver que ce n'est pas du bluff, voilà la clé du placard X à la gare du Nord, et vous trouverez la copie de la vraie bombe déjà en place pour faire sauter l'Opéra ou Notre-Dame. »

Ceux qui sont jeunes vont connaître un temps où la puissance des armées semblera une rigolade face au terrorisme, à la révolte des affamés et aux nouveaux désordres du monde. Déjà ne tiennent plus les discours comme celui de monsieur Le Pen. Quand il crie : « La France aux Français », je réponds : « Oui, j'ai le droit de le dire parce que j'ai risqué ma peau pour ça, et mieux que vous, mais je ne peux pas, en même temps que je crie : "La France aux Français", ne pas crier : "La terre aux humains". »

Ceux que l'on croyait pouvoir ignorer sont comme une ombre qui pèse sur tout. Devant cet écroulement des illusions, nous sommes condamnés à la coopération, à la négociation ; nous sommes condamnés à regarder dans sa totalité ce globe humain désormais si rapetissé.

VI

Non, ce n'est pas absurde

Le cri de Psichari, c'est un moment extraordinaire dans le cheminement du jeune homme qu'il
était. Ce cri, il résonne sans doute encore à travers
ce que vivent une fille ou un garçon d'aujour-
d'hui. Petit-fils de Renan, élevé dans un milieu
résolument agnostique, très lancé dans la vie
mondaine, voilà qu'à vingt ans Psichari tente de
se suicider. Sauvé par l'arrivée de son ami Jacques
Rivière, il s'engage dans l'armée et, devenu lieute-
nant, il part… au Sahara. Il raconte* comment
une nuit, sous la voûte des étoiles – il faut avoir
vécu là-bas pour imaginer son éblouissement –,
venue du fond des âges jaillit en lui une force qui
le fait tomber à genoux et s'écrier : « Non, ce n'est
pas possible que la vraie route soit celle qui ne
mène nulle part ! » Comme nombre d'entre nous,

---

* *Le voyage du centurion* [1916].

comme beaucoup de jeunes aussi, il cherchait. Il cherchait le sens. Or, après avoir décidé de vivre, il a choisi la rude vie du désert.

Le désert, ce n'est pas pour tout le monde, bien sûr, mais chacun peut dans sa vie d'informaticien, de mère de famille, de commerçant, d'étudiant, de secrétaire, que sais-je ?, chacun peut *être dans* cette interrogation du sens de sa vie. « Tu ne me chercherais pas si tu ne m'avais déjà trouvé. » Cette phrase de Pascal, reprenant une pensée familière à saint Augustin, dit bien que ce qui importe, c'est de poser les questions. Pourtant ce n'est pas facile, et quand elles viennent au bord de l'esprit, on préfère parfois ne pas les entendre. Pris de panique, on veut faire taire la voix qui interroge, et alors on fait du bruit, on s'agite, on boit un verre, on rejoint la foule…

Je sais l'accablement que beaucoup ressentent aujourd'hui. Autant que de quoi vivre, ils ont besoin de raisons de vivre. Mais sans doute croient-ils en quelque chose, sinon pourquoi vivre ? Comme moi, ils croient en l'homme.

Si ma vie n'a que moi pour but, je suis dans ce que j'appelle l'« idolâtrie » – « moi, moi d'abord, crèvent les autres ! ». Et cette vie-là, si j'ai un coup de cafard, pourquoi ne l'arrêterais-je pas aujourd'hui ? L'idolâtrie est vouée à l'échec.

Pour que Psichari prenne conscience du pouvoir de la vie, il a fallu qu'il soit mis en face de la mort. J'aime dire, et redire, qu'un jour nous pre-

nons conscience de ce qu'il y a de *creux* en nous ;
nous ressentons, avec violence presque, notre
faim et notre soif de perfection, de beau. Cette
soif d'absolu qui crie en nous m'évoque l'image
de la cire dans laquelle un sceau a été imprimé. Je
ne vois pas le sceau, mais en regardant le creux
marqué dans la cire, en étant attentif à ce qui me
manque, à ce qui crie en moi, je découvre la
réponse : je découvre la valeur de la connaissance,
de l'amitié, de l'amour.

On parle beaucoup actuellement du manque
de repères. On dit : « Avant, on savait où on
allait, alors qu'aujourd'hui… » Mais attention à
ces fameux repères ! Quand j'étais jeune, on n'en
manquait certes pas : il y avait ce qui se faisait et
ce qui ne se faisait pas. C'était aussi simple que de
traverser dans les passages cloutés ! Pourtant, ces
garde-fous n'étaient bien souvent, avouons-le,
qu'artifices et convenances ! Même la pratique
religieuse. Souvenons-nous à ce propos de l'histoire de Bécassine, la petite Bretonne qui n'aurait
jamais manqué une messe au village mais qui,
une fois à Paris, n'y va plus jamais : sa foi était-elle
d'une autre nature que sociologique ?
Ces repères-là, ceux qui reposaient sur des
faux-semblants, ont été balayés. Tant mieux. Les
repères d'une vie, ne les trouve-t-on pas à force de
chercher son chemin ? Dans une lettre à un ami,
Baudelaire écrit : « Ma vie était comme un voyageur perdu dans la forêt. » Et voilà que soudain,
au loin, très loin, le voyageur aperçoit de la lumière

à une fenêtre, celle de la maison du garde forestier. À coup sûr, il est sauvé ; il sait où aller. Mais le temps de s'avancer, le garde s'est mis au lit et a soufflé la chandelle. Et alors, ce cri de Baudelaire : « Le diable a tout éteint au carreau de l'auberge. » Cri désespéré, car ce qui manque, c'est le repère absolu : c'est la finalité qui fait défaut.

C'est dans le silence et la solitude du désert que Psichari avait trouvé le sens de la vie. Un autre saharien, mon ami François Garbit, m'écrivait alors qu'adolescent je me débattais dans le doute : « La vie, mon vieux, écoute la vie ! », et m'aidait à en trouver, à mon tour, le sens. Moi aussi, j'aime le désert. J'y ai vécu plusieurs mois, et j'ai ressenti là-bas l'absence de toute mesure de l'univers. Et c'est vrai que personne ne peut dire pendant combien d'années encore l'univers que nous connaissons (et que nous continuons chaque jour à découvrir) sera en expansion ; personne ne peut dire si, parvenu à un certain point, il ne sera pas de nouveau en recentration sur lui-même… Cette absence de mesure, n'est-ce pas une manifestation de l'Infini ?

Et les merveilles des fonds marins que nous révèle Cousteau, la splendeur étonnante de l'infiniment petit sous le microscope ou de l'infiniment grand et lointain des astronomes, toute cette beauté serait absurde si elle n'était pas l'expression de la perfection illimitée de l'Éternel. Si nous sommes croyants, nous savons que tout cela est une manifestation de la Toute-Puissance aimante. Une Toute-Puissance s'adressant à des personnes, à des êtres doués de la capacité de connaître, d'admirer et de percevoir des raisons d'aimer. S'il n'y avait pas ces êtres que nous sommes, passants minuscules sur une planète minuscule dans l'ensemble des galaxies, s'il n'y avait pas ces petits êtres de rien du tout, mais dotés de la liberté qui les rend capables ou d'idolâtrie d'eux-mêmes ou d'amour, oui, l'univers serait absurde. Totalement absurde. L'Éternel n'a pas besoin de jouer pour s'amuser. Il n'a pas besoin de lancer des milliards d'étoiles dans l'univers comme un enfant qui pousserait ses billes.

Francine de La Gorce, dans son livre intitulé *La gaffe de Dieu ?**, raconte cette conversation qu'elle a eue avec sa fille :

« Maman, quelle merveille, la façon dont tournent les étoiles. Il n'y a pas de guerre entre les étoiles. Quelle gaffe il a faite, le bon Dieu, en nous faisant libres ! Si on n'était pas libres, nous, les milliards d'humains, ça tournerait rond.

– Oui, il n'y aurait pas de désordre. Mais tu n'aurais pas de maman pour t'aimer et moi je n'aurais pas de petite fille pour m'aimer. On ne serait que des choses placées parmi des choses. »

Cette réalité extérieure à Dieu, non, ce n'est pas une gaffe de Dieu. Dieu qui est Amour s'y exprime pleinement. À nous de le reconnaître.

---

* Publié par ATD Quart Monde.

Je comprends la détresse des jeunes. Ils voient des adultes qui ont perdu le sens. Ils ne reçoivent d'eux que des incertitudes. Même aux petits enfants, on ne donne plus les réponses qui fondent les certitudes. Parmi les premiers mots des enfants, celui qui revient le plus souvent, c'est : « Papa, Maman, pourquoi, pourquoi ? » Or, sans y prendre garde, à cette question qui est celle de la finalité on répond : « Parce que… » Il demandait « pour », on lui répond « par ». À l'esbrouffe, on escamote sa question. Parce qu'on refuse de la prendre en compte pour soi-même.

Je pense aussi à ceux qui ont quinze ans et qui voient les adultes pris dans une véritable foire d'empoigne, se battant comme des bêtes sauvages pour garder une place guettée par cinq cents autres ; je pense à ceux qui ont quinze ans et qui voient leur père, leur grand frère, leur oncle, diplômés, expérimentés… licenciés à quarante ans ! Comment être motivé pour acquérir une compétence quand on voit que les gens compétents sont « en trop » !

Deux jeunes gens qui s'aiment, qui découvrent l'amour, c'est d'une telle beauté que… cela ne peut pas se dire ! Deux jeunes gens qui vont accepter qu'un enfant vienne au monde montrent qu'ils croient en la Vie : ils prennent un risque, mais c'est le risque de l'amour et le risque de la joie.

Car cet enfant qui naîtra, ils vont l'orienter vers le soleil, vers la lumière. Ils lui confieront le plus beau des secrets, celui du caractère sacré et merveilleux de la vie. Ils lui apprendront que ce n'est pas vrai qu'on peut être vraiment heureux sans les autres. Et j'ai envie de prendre l'image de la cordée. Bien sûr, certains refuseront de se relayer, mais il y en a tant d'autres qui attendent que tu sois pour eux une lumière, la lumière au carreau de la fenêtre de Baudelaire. Le sens, c'est ainsi qu'on le retrouvera.

Un jour où j'étais de passage dans une communauté, un vieux compagnon me dit : « Père, je deviens aveugle, je ne pourrai plus servir. Et servir, c'est ce qui avait donné un sens à ma vie depuis quinze ans ! » Alors je lui ai dit : « Ce n'est pas vrai que tu ne pourras plus servir. Jusqu'à la dernière minute de ta vie, tu pourras sourire au copain qui t'apportera ta gamelle, et tu auras servi si ton sourire l'aide à faire ce qu'il a à faire dans le reste de la journée. »

Le rôle de tout être humain, c'est de faire la preuve que le monde n'est pas sans raison.

VII

Faire crédit

Croire en la vie, c'est croire en d'autres. Pas tous les autres, sans doute, mais si l'on prend ses responsabilités face à la vie, on se fait des alliés. Être ensemble devient nécessité absolue. Et pour se faire des alliés, il faut faire crédit. Sans ce crédit fait à l'humanité on ne pourrait pas respirer : tant d'humains se comportent pire que des bêtes sauvages et s'entretuent dans la folie. Devant le scandale de la souffrance, de l'injustice, du mal, je reste muet comme Job. Car, après avoir râlé, qui suis-je pour me révolter devant l'incompréhensible ? N'ai-je pas oublié que je peux, toujours, quelque chose ?

Récemment, au cours d'une nuit où je ne dormais pas, m'est venue à l'esprit cette évidence : on ne peut dire vraiment « *credo* » – je crois – si on ne fait pas crédit. La foi est de cet ordre-là : il arrive un moment où, comme dans l'amour humain, il faut plonger, prendre des risques, faire véritablement crédit. Sans caution. La coutume ne voulait-elle pas, encore récemment, que le jour où les fiancés avaient pris leur décision, ils se disent l'un à l'autre : « Je te donne ma foi » ? Un vieil ami me disait, bien avant le concile : « Le *Credo* ne parle plus aux gens d'aujourd'hui, il n'y aurait rien d'impie à le réécrire. » Rien d'impie non plus à dire : « Je crois en l'homme. » Si on ne croit pas en l'homme, cela signifie qu'on ne le supporte pas, qu'on peut le supprimer, ce qui se réalise, hélas, quand on agit, par exemple, au nom de la purification ethnique.

Les contemplatives, qui ne vont pas soigner les malades et restent dans leur couvent clos, font, elles aussi, crédit. L'Adoration n'est réelle que parce qu'elles portent avec elles la douleur de l'humanité tout entière. Leur adoration – Amour de Dieu – serait vaine si elle n'était pas en même temps amour de l'homme, crédit fait à l'homme.

Cette adoration-là, elle existe aussi, muette, parmi les multitudes, parmi ceux qu'on pourrait appeler « les braves gens ». Leur vie n'est pas marrante, et pourtant ils essaient de bien faire. Ils font leur métier d'homme.

Faire son métier d'homme, c'est à certains moments prendre le risque de s'exposer, d'être en partie dépossédé de soi-même par les détresses qui nous entourent. Beaucoup d'hommes et de femmes prennent ce risque pour servir les autres. À leur façon, obscurément. En fait, je le sais d'expérience, on y est poussé, porté presque. Je répète sans cesse : « Emmaüs, ce n'est pas ce que mes amis et moi avons fait, c'est ce qui nous est arrivé. » On pouvait foutre le camp, fermer les yeux... simplement, on ne s'est pas dérobés. Mais on n'avait pas prévu. On n'a pas choisi.

L'originalité de l'homme, c'est d'être libre. Et il gâcherait sa liberté s'il ne prenait pas de risques. J'allais écrire que nous sommes responsables de nos choix. En fait, la vie est faite de consentements plus que de choix. Car nous sommes partiellement déterminés par les conditions dans lesquelles nous avons été nourris, élevés, la maison où nous avons grandi, le milieu qui nous a permis – ou non – de faire des études, le fait que nous sommes fille ou garçon, notre état de santé, etc. Tout cela nous est donné, nous devons faire avec, bon gré mal gré. À cela aussi il s'agit de consentir, savourant ce qui est joie, plaisir, et offrant ce qui est peine et souffrance.

J'ai retrouvé, en tentant de classer la multitude de papiers qui m'ont suivi jusqu'ici, à Esteville, une étude graphologique qui dresse en quelque sorte mon portrait. Elle a été faite en 1948 ! C'est avec ce caractère (« nerveux, vivant, violent »), ce tempérament (« une sensualité forte compensée par un haut souci moral et un profond mépris des matérialismes »), ces défauts (« susceptible, il exige beaucoup »), cette santé (« fatigué »), etc.

que j'ai plongé dans la vie. Est-il important de se connaître pour exercer sa liberté ? Cette question m'a été posée, à partir de ma propre vie, et j'ai répondu que je n'ai jamais rencontré de circonstances où cela aurait été important. Depuis, j'ai repensé à cette question, au journal que j'ai tenu pendant mon adolescence jusqu'à mon entrée au couvent... On y voit, mais c'est après coup, le tournant que ma vie était en train de prendre, passant des perspectives de la vie de tout le monde à celles d'une vie « de bravade ». Car il y avait de cela dans le choix capucin, celui de vouloir naïvement prier, à la lettre « comme saint François », avec cette espèce de satisfaction secrète, cette jubilation de faire ce qui ne se fait pas ! En tout cas, pour en revenir au consentement, c'est tout naturel pour moi de consentir à ce qui est risqué. Si je vois un type en tabasser un autre, je me mets entre les deux en disant à celui qui frappe : « Tu ne pourras pas le toucher avant de m'avoir démoli. » C'est mon naturel qui me pousse alors au défi : sortir de la banalité pour être dans l'action, dans une action belle et dévorante à la fois, quoi de plus passionnant ?

Dans toute vie il y a des moments où on peut échapper à la banalité. Par exemple, dans la vie d'un couple, il arrive tantôt à l'un, tantôt à l'autre, je le sais, de vouloir faire sa valise. La banalité serait de la faire, sa valise ! Il y a une multitude de circonstances qui ne feront jamais un événement pour un romancier, mais qui n'en sont pas moins des consentements – disons pour simplifier – au devoir. Là encore, si on agit ainsi, c'est qu'on a préféré le consentement au choix. Pourtant, certains de ces moments sont marqués par une sorte de grâce : une gravité accompagne le coup de ciseau du sculpteur qui marque notre personne. Chaque situation dans laquelle on ne s'est pas dérobé nous marque.

Les rencontres aussi vous marquent. D'ailleurs, on n'existe que par la rencontre. Notre « moi » à chacun n'a commencé que parce qu'il y avait notre mère, son sourire et ses caresses, et c'est par la succession des rencontres qu'il a continué à exister. Ces rencontres peuvent être heureuses ou malheureuses… mais nous n'existons qu'en relation. C'est ça, l'espérance. Il me semble pouvoir affirmer que cette espérance-là existe pour chacun, qu'il soit « croyant » ou non. Mais je ne m'engage sur ce sujet qu'avec timidité, car je sais bien à quel point le croyant sait peu se servir de son trésor.

Le trésor du croyant, je l'appelle joie. Joie d'être certain qu'il est aimé et que, par sa liberté, il va apprendre à aimer. Pour Israël et pour l'islam, Dieu est seul, Dieu est nu. Pour les chrétiens, Dieu est Amour : les évangiles donnent à connaître un peu de ce mystère : « *Deus caritas est.* » Il s'exprime, il est Père, et dans le souffle du Père et du Fils s'aimant mutuellement jaillit l'Esprit. Cet amour est l'une des ressemblances fondamentales de l'homme et de Dieu. Accompli en Dieu, il est, dans chaque homme, en genèse.

51

Vécue à plein, sans limites, la joie du croyant devient contagion. Celui que les croyants appellent « non croyant » (quel mot absurde : comment peut-on définir quelqu'un par ce qu'il n'est pas, sans rien dire de ce qu'il est !) est un prodigieux témoin d'espérance. Mon espérance est la même que celle qu'il cherche avec, pour moi, ce privilège de penser qu'elle n'a pas de limite : ni la maladie ni la mort n'y mettent fin. Dans la réalité de chaque matin, c'est la même espérance qui nous met debout, toi, mon frère dit « non croyant », et moi, qui n'ai plus la prétention de me dire « croyant », qui ne peux, entraîné par ces réflexions, que dire « moi, mal croyant ».

Bien entendu, je ne suis pas capable de dire sur quoi se fonde l'espérance de ceux qui ne croient pas. Je ne sais qu'une chose : elle est. Pour une multitude, elle est accomplissement du devoir, même si chacun ne sait pas bien qu'elle est aussi la source des droits : chaque être humain naissant a le devoir d'exiger de ceux qui lui ont donné la vie, et de la société, les moyens d'accomplir sa raison d'être : l'accomplissement de lui-même dans l'amour, qui n'est qu'un avec la justice.

Le plus merveilleux fondement de l'espérance, c'est que d'autres ont besoin de moi et que je ne peux me passer ni de leur aide ni de leur besoin, car c'est le fait qu'ils aient besoin de moi qui me les rend précieux. Pour le croyant c'est la même chose avec, par instants, l'explosion dans l'illimité.

VIII

La vie n'est pas un chemin dans le désert

J'ai toujours du mal à répondre à la question sur les rencontres qui m'ont marqué. À l'éveil de la vie, il y a mon père, l'être de mon père, sa manière d'être, dans tous les domaines. On a dit lors de ses funérailles qu'il resterait un modèle par sa vie spirituelle, par sa vie d'homme d'affaires et par sa vie au service des pauvres. Il m'a marqué par nos conversations et par le climat qu'il faisait régner dans cette famille de huit enfants. Très tôt n'a plus eu cours dans notre famille le sentencieux « les enfants ne parlent pas à table ». Nous apprenions déjà, de cette manière, ce qu'est le droit.

Dans mon enfance il y a eu ce vieux jésuite, le père Michel, à qui je suis venu dire un jour : « Je vois que les saints dont on nous parle ont tous eu une grande dévotion à la Sainte Vierge. Je suis très inquiet parce que, vraiment, je ne me sens pas beaucoup de dévotion ! »

Alors il m'a dit : « Ne te casse pas la tête, c'est tout simple : chaque fois que tu es seul, tu n'as qu'à dire le "Je vous salue Marie". » Je l'ai fait, et je l'ai tellement fait qu'à plus de quatre-vingts ans, je ne peux m'endormir qu'en disant des « Je vous salue Marie » !

Plus tard, j'ai été impressionné par l'intelligence brillante et libre de Teilhard. Quand je l'ai vu la première fois, j'avais seize ans. Il rentrait de Chine et était venu parler aux « grands » du collège. Ses propos m'ont frappé. Plus tard, je l'ai revu. J'ai continué à être impressionné par sa personne et par le courage avec lequel il n'a jamais cessé de travailler dans la ligne qui était la sienne, bien qu'il lui ait été interdit de faire connaître les résultats de ses recherches, aujourd'hui, heureusement, diffusés.

C'est trois ans plus tard, peu avant mon départ au noviciat, que j'ai eu une vraie rencontre avec ma mère. Alors qu'elle me soignait pour une diphtérie, elle m'a fait la confidence de ce qu'était sa vie, au plus profond. Ces moments me furent un cadeau si précieux qu'il vit encore en moi.

Sur un autre plan, il y a eu l'influence importante du provincial des capucins qui m'avait reçu comme novice et qui, sept ans plus tard, m'a dit :

« Maintenant que vous êtes prêtre, je dois vous dire que, très vite, j'ai eu la conviction que vous n'étiez pas fait pour rester chez nous. » Je nous revois lors de cette conversation qui se passait dans sa petite cellule. Il a poursuivi : « L'expérience m'a montré qu'il y a quelque chose de chiffonné dans le prêtre si, dans les années de sa formation, il est appelé à changer de spiritualité. Parmi la multitude de spiritualités chrétiennes, voici que vous avez été entraîné vers celle de saint François. Si bien que je me suis dit que, même si vous n'étiez pas fait pour rester chez nous, ce n'était pas pour rien que la Providence vous y avait conduit. » Il me raconta qu'il avait dû combattre au sein de la communauté l'avis de ceux qui disaient : « Non, il n'a pas la santé ; il ne trouve pas parmi nous un aliment intellectuel suffisamment large, ouvert, etc. » Il a terminé en m'invitant à demander conseil pour mon avenir. Je l'ai fait auprès du père de Lubac, de l'archevêque de Lyon, et aussi auprès de l'un de mes oncles, jésuite. C'est grâce à celui-ci que le vicaire général de Grenoble – devenu par la suite archevêque de Cambrai – m'a présenté au vieil évêque de quatre-vingts ans qui m'a, dans la journée, « incardiné* » dans son diocèse.

La coutume était qu'un religieux qui voulait devenir prêtre diocésain soit accueilli *ad experimen-*

---

* C'est très joli, ce mot. Il vient de *cardo,* le gond d'une porte. Il signifie que tout prêtre doit avoir une attache fixe tout en gardant la possibilité de pivoter selon les circonstances de son apostolat.

tum (à l'essai) pour trois ans. Je fus donc, grâce aux amitiés qui m'entouraient, un privilégié.

Puis il y a eu Zunio Weissmann. On l'appelait Gilbert. Ingénieur chez Peugeot, il a pris à l'arrivée des Allemands une fausse identité et a été, dès le premier instant où je me suis embarqué dans la dangereuse aventure de la Résistance, le conseiller, le guide parfois. Pondéré, sage, il s'est employé à faire comprendre aux volontaires des maquis, impatients de vivre le débarquement, que les choses seraient beaucoup plus longues qu'ils le pensaient.

Plus tard encore, il y a eu cet homme qui fut d'une aide exceptionnelle dans la tempête d'Emmaüs en 1954, alors que s'abattait sur moi l'orage de cette célébrité si difficile à vivre. Il était directeur et, je crois, l'un des propriétaires du Bazar de l'Hôtel de Ville à Paris. Son bureau était tout proche de la rue des Bourdonnais, où nous avions acheté un immeuble avec l'argent qui nous arrivait et où nous tentions de nous organiser, autant que possible. Tous les soirs, après six heures, il venait travailler avec nous et, pendant un an, il a payé un ingénieur en organisation qui nous a aidés à mettre en ordre ce qui aurait pu être un monstre de désordre : imaginez trois cent mille lettres et un milliard qui tombent entre les mains de cent cinquante bonshommes dont plus d'un a fait de la prison ! Tout cela n'était pas gagné d'avance !

Je revois, après sa mort, son épouse – grande femme du monde – dans leur appartement des Champs-Élysées s'écriant, alors que je venais de dire : « Dieu est Amour, nous sommes aimés, nous sommes libres pour aimer » : « Ah, alors, si c'est sûr qu'on est aimé, cela change tout ! »

Un autre m'a marqué aussi, Daniel Gigan. Il est mort ici, à Esteville. Fils de paysans, il avait voulu devenir prêtre, mais en avait été empêché par la tuberculose. Il est venu ici au moment où la maison ouvrait, alors qu'il n'y avait aucun confort, et il y a vécu pendant plus de dix ans. Parmi les compagnons, il faisait de l'apostolat dans le silence. Toutes les corvées dans le silence. C'est seulement quand il entendait quelqu'un dire : « Nom de Dieu ! » qu'il explosait, dans une colère pleine de bonté. Le matin où l'infirmière est entrée dans sa chambre et l'a trouvé mort, un cahier était ouvert sur la table. Le jour même il avait écrit : « Le Seigneur n'est pas venu pour être servi, mais pour servir... » C'est l'un des saints que j'ai rencontrés... Il avait ce désir obstiné de servir dans l'effacement.

Le père de Lubac a été un ami intime. Je suis probablement la dernière personne avec qui il a échangé un regard conscient, quelques heures avant qu'il ne meure chez les petites sœurs des pauvres. C'était le jour anniversaire de ma première messe, à laquelle il avait accepté de m'assister, quelque cinquante ans auparavant.

J'ai aimé cet homme, d'une pensée si originale et d'une si grande rigueur intellectuelle. C'était l'une de ces personnes qu'on serait porté à considérer comme « angélique », transparente, à travers qui les êtres et les choses communiquent. Et c'est à lui que je dois d'avoir été accompagné, tout au long de ma route, par une personne aussi remarquable que Mademoiselle Coutaz.

Sans elle, rien de ce qu'on m'attribue n'existerait. Comme le disent en riant les anciens : « Si le père avait été seul, il n'y aurait jamais eu un sou dans la caisse ! » Si elle veillait au grain, ce n'était pas pour que s'accomplisse quelque grande œuvre, c'était simplement pour qu'on bouffe le lendemain. Fille du peuple, elle avait les pieds sur terre. Elle voyait que ce que j'allais entreprendre était illégal, fou. Elle me disait : « Ça va mal finir. Vous irez en prison. » Puis, voyant que je m'obstinais quand même, elle soupirait : « On ne peut pas le laisser seul ! »

Qu'on n'aille pas en déduire que nous étions de tempéraments comparables. Trente-neuf ans d'action ensemble ont été une épreuve pour l'un comme pour l'autre : moi, le gosse de riches ; elle, la fille d'un cantonnier. Ce fut l'amour de Dieu et des pauvres qui a été notre véritable terrain de rencontre. Sa fidélité, qui lui coûta beaucoup, est l'un des émerveillements de ma vie. Elle était dotée d'un tempérament de chef – elle l'a prouvé lors de la Résistance –, et son héroïsme a été de vivre trente-neuf ans dans l'ombre d'un autre.

Avec le père Zundel, j'ai eu la chance d'avoir été en contact avec un mystique à l'état pur. Il m'est arrivé de faire le voyage de Paris à Lausanne, où il vivait, rien que pour me confesser à lui. Au cours de cette heure de grâce, il m'était offert de participer à une vie contemplative exceptionnelle. Avec lui, on se trouvait en présence de quelqu'un... à mi-chemin entre Dieu et les hommes. Loin de moi l'idée de vouloir dire qu'il planait dans les nuages. Par sa personne même, on accédait, presque naturellement, au mystère de Dieu, à l'Absolu.

Mais l'influence qui reste de toutes la plus déterminante pour moi est celle de François Garbit. C'est avec lui que j'ai partagé le désarroi de mes quinze ans. À ce « grand », de deux ans mon aîné, j'osais tout dire : l'exaltation de l'amour, le désespoir de l'amitié refusée, l'émotion de la rencontre avec François d'Assise...

Quand je suis tombé malade, alors que je voulais ne pas guérir, il m'écrivait : « À quinze ans, lorsque la vie éblouissante te tend les bras, tu songes à la mort ! Mais la mort est le couronnement, le prolongement de la vie. C'est par la vie qu'on la mérite ! »

Notre correspondance s'est poursuivie pendant toute mon adolescence, puis pendant le temps passé chez les capucins alors qu'il était devenu officier méhariste au Sahara. Ses lettres continuent de résonner en moi : « Chacun fait ce qu'il veut de la vie. Les uns la traînent dans la boue. En quoi salissent-ils la nôtre ? Ils nous montrent en quoi on peut la rendre ignoble. Profitons de la leçon, et faisons-la splendide ! »

Il a été tué en 1940, à la frontière du Liban, alors qu'il tentait de s'opposer à un affrontement entre Français divisés.

On devine la tendresse de mes relations avec François Garbit… enfin, plus que de la tendresse, je dirais qu'il y avait de la confiance. C'était mon ami. Celui qui me connaissait le mieux, me comprenait le mieux.

Les personnes importantes que j'ai rencontrées dans ma vie n'ont jamais été pour moi des modèles. Mais elles m'ont éclairé sur les différentes facettes de ma personnalité et m'ont forcé à moins me disperser, à me rassembler. Elles m'ont façonné à la manière du coup de pouce sur la pâte à modeler.

Le chemin de toute vie est bordé par des personnes. Ce n'est pas un chemin dans le désert. C'est un chemin parmi d'innombrables humains, et l'on y passe en ignorant le plus souvent leurs richesses cachées. Parfois – Dieu merci –, on y cueille un fruit inattendu. Et l'on sait – encore Dieu merci – que par plus d'un, même inconnu, on sera cueilli à son tour. Jusqu'à l'heure où c'est Dieu qui cueillera sa fleur avant qu'elle ne soit trop fanée.

IX

Solitudes

Rencontrer *vraiment* des hommes et des femmes a été l'une des chances de ma vie. Il m'a été donné aussi de me trouver parmi la foule, de parler devant des multitudes. Une célébrité est née de cela. Je vais vous faire une confidence : si vous voulez faire une vacherie à un copain, souhaitez-lui d'être une vedette ! La célébrité peut condamner à la solitude.

Un jour, à Rio de Janeiro, j'ai participé, avec Helder Camara, archevêque de Recife, à un rassemblement immense. Dans le couvent des dominicains où l'on m'avait accueilli ensuite, je n'arrivais pas à m'endormir. Je suis allé marcher sur cette plage dont on disait qu'elle était la plus belle du monde. (Depuis, comme tant d'autres, Copacabana a été affreusement souillée par les déchets d'une ville démesurée.) Là, j'ai pleuré. J'étais écrasé par ce que je portais, anéanti, et j'ai pleuré comme un gosse. De lassitude, de solitude.

Je comprends ce que vivent les gens du spectacle : une fois passé l'effet de foule, une fois terminée cette sorte de communion électrique avec des milliers de personnes qui vibrent à l'unisson, on se retrouve seul. Mais, acteurs ou chanteurs, ils ont encore près d'eux, pendant quelques heures, leur bande d'amis. Suivra quand même l'heure de la solitude. Pour moi, elle était là, écrasante, dès que j'eus quitté Dom Helder. Après le temps des larmes, une fois revenu au couvent, il y eut un temps secret d'Adoration devant le tabernacle. Je n'avais pas le choix : il me fallait aller à la rencontre d'une espérance plus forte pour dominer la solitude. Peu de temps avant sa mort, Montherlant a écrit : « Quand on a longtemps regardé le monde, la vie, il n'y a pas d'autre alternative que Dieu ou le suicide. » Grâce à Dieu, j'avais Dieu !

Cette solitude n'est pas le fait de la seule vie de prêtre. Même quand existe la plus intime union entre époux, rien ne peut empêcher des instants de solitude déchirante. C'est alors que, pour tout homme, pour toute femme, vient le doute sur le sens de la vie. Cela peut aussi être l'occasion de savourer, même s'il y a des larmes, la mystérieuse perception des tendresses de Dieu.

Ils sont légion aujourd'hui, les hommes et les femmes qui sont victimes de la malédiction de la ville et de la civilisation. Dans une bourgade de la

France d'avant-guerre, un vieillard n'était jamais seul. Comprenons-nous : je n'idéalise pas cette époque, par ailleurs si difficile ; mais chacun bénéficiait alors des effets d'une solidarité naturelle dans une société cohérente. Dans un village africain, un orphelin n'est pas seul : il devient le fils de l'oncle, c'est tout simple. Mais regardez ce qui se passe dans ces grands immeubles de nos villes… J'ai habité pendant vingt années au dixième étage d'une tour HLM, à Charenton. Il y avait un ascenseur – à quatre-vingts ans, Mademoiselle Coutaz en avait bien besoin ! Mais quand les gens le prenaient, ils ne se parlaient pas, ou à peine. Le temps passé ensemble est si court qu'on ne peut qu'échanger des banalités. C'est ainsi qu'on peut vivre des années sans rien savoir de ceux qui habitent les cinquante autres appartements de la tour !

Elles sont terribles, ces solitudes-là. D'autant plus terribles qu'elles font peur. Il faut admettre qu'il est dévorant, l'appel du solitaire, car il vit, au plus aigu, la privation d'espérance. L'espérance, j'y reviens, vient du lien, de la relation avec les autres, de l'attention que l'on porte à ceux et à celles qui vous entourent.

Et, tous, nous nous culpabilisons quand nous nous sentons impuissants devant ces solitudes intimes. Pourtant, il ne le faut pas, car nul ne peut savoir comment y répondre. Il n'y a pas de conseil, il n'existe aucune recette pour aider quelqu'un à en sortir. La réponse peut venir de quelque inspiration intérieure, d'une chiquenaude.

Elle peut se produire lors d'une rencontre qui semble anodine, quand, sans en avoir forcément conscience, on a comme touché du doigt l'évidence que, oui, on peut sortir le solitaire de ce vide qui l'accable. Intuitivement, on a commencé à répondre à l'angoisse qui le mine : est-il souhaitable que j'existe ? Est-il justifié que je vive ? Et les autres, n'ont-ils donc pas besoin de moi ?

On ne fera jamais de manuel pour sortir de cette solitude-là. Pour celui qui la vit, elle est comme une agonie. Mais c'est dans ce sens qu'on peut tenter de l'approcher. Je vais utiliser de nouveau l'image du creux dans la cire... Le creux ne s'est pas fait tout seul. Ce creux, c'est l'Autre qui l'a imprimé en moi, c'est le besoin que j'ai de lui. Je la reprends toujours, cette image, parce qu'elle décrit bien ce que je vis en permanence.

Depuis l'enfance, je ressens la douleur du manque de ce que je ne peux pas faire pour ceux qui en ont besoin. Sur la plage de Copacabana, au pied des collines des *favelas* où s'entassent, misérables, des milliers de familles démunies de tout, j'étais malheureux de voir que, quoi que je fasse, je ne réussirais jamais à en faire assez.

Cette douleur, je l'éprouve depuis une histoire de pot de confiture que j'ai racontée à Bernard Chevallier pour le livre *Emmaüs, ou venger l'homme** . Je devais avoir six ou sept ans. Or, ce jour-là, j'avais fait des bêtises : autant que je me le rappelle, j'avais chipé, avant le déjeuner, de la

---

* Publié aux Éditions du Centurion.

confiture qui était sur la table. Quand on s'en est aperçu, j'ai menti en laissant soupçonner un de mes frères. C'était vraiment très vilain. Finalement, on a su que c'était moi. Mes parents m'ont puni en m'interdisant d'aller à une fête chez des cousins. Le soir, mes frères et sœurs reviennent chez nous tout exubérants et courent vers moi pour me raconter les jeux merveilleux de cet après-midi. Et moi, petit bonhomme, je me vois toujours, comme si c'était hier, imperturbable, disant à l'un de mes frères : « Qu'est-ce que tu veux que ça me fasse puisque je n'y étais pas ? » Sur ce, je tourne les talons, très fier de moi, de ma bonne logique ! Une demi-heure après, mon père m'appelle dans son bureau. Il ne me gronde pas, mais je le vois très malheureux : « Henri, j'ai entendu ce que tu as répondu à ton frère. Comment est-ce possible que tu ne sentes pas comme c'est affreux ? Alors, tu n'es pas heureux quand les autres sont heureux ? Il n'y a que toi qui comptes ! Que c'est mal... »

Cela reste pour moi un moment inoubliable : cette souffrance de mon père. Il ne me punissait pas de nouveau, ne me réprimandait pas, mais me faisait la confidence de quelque chose de très profond en lui : il était malheureux parce que je n'étais pas bon. Aujourd'hui, il m'apparaît, avec le recul du temps qui a passé, que le manque que je ressens – oui, en permanence – c'est, en définitive, de n'être que moi... Mais n'est-ce pas justement ce manque qui est le feu me faisant agir sans répit ?

Il me semble que c'est depuis toujours que se trouve, ressenti si fort en moi, ce creux dont je parle souvent : la faim, constante, du bonheur, de ma joie dans la joie de l'autre. Ce creux absolu en moi, il est dur à vivre, mais il est aussi promesse que Dieu le comblera. Le cri de Psichari m'accompagne sans cesse : « Non, ce n'est pas vrai que la vraie route ne mène nulle part. »

Sans doute y a-t-il autre chose encore. Récemment, j'ai fait une découverte. Pas exactement une découverte, parce que je le savais au fond de moi, mais je n'avais pas « réalisé » pourquoi je ne pouvais pas entendre le mot allemand *Fraülein*, mademoiselle, sans être bouleversé... Et voilà qu'un de mes frères m'apporte une photo prise en août 1914 – j'avais deux ans – et soudain j'ai revu la scène : Papa bousculant Fraülein, une étudiante allemande qui était venue aider Maman et apprendre le français... Papa lui disant : « Vite, vite, fais ta valise, le dernier train part dans une heure. » C'était la déclaration de guerre. Et moi, je ne comprenais pas : pourquoi Papa chassait-il Fraülein qui n'avait rien fait de méchant ? C'est la guerre ? Qu'est-ce qu'on veut que ça me fiche, la guerre, qu'est-ce que ça veut dire à deux ans ? Pourquoi partait-elle, Fraülein ? Je pleurais – j'étais le plus petit de la famille à ce moment-là, le plus chouchouté aussi par cette Fraülein, alors que je ne me souviens pas avoir jamais reçu un seul câlin de notre mère –, et le mot est resté en moi comme une blessure.

X

Tendresses

Ce qui, tout au long de ma vie, m'a sûrement
coûté le plus, ce fut le volontaire renoncement à
la tendresse. Celui qui devient moine s'engage par
trois vœux. Le vœu d'obéissance : je n'ai jamais
vécu de situations où il m'aurait coûté, car je n'ai
jamais reçu d'ordres contraires à mon désir ; la
pauvreté : au monastère, elle était réelle, nous
vivions dans la frugalité, mais elle était accompa-
gnée de la sécurité que comporte l'engagement
dans un institut de longue tradition, solidement
implanté. En fait, d'une autre nature que la pauvreté, c'est la misère que j'ai connue lorsque je
n'ai plus reçu l'indemnité parlementaire qui per-
mettait de vivre à la vingtaine d'hommes alors
hébergés dans la première maison d'Emmaüs.
C'est à ce moment-là qu'à l'insu de mes compagnons, j'ai été mendier boulevard Saint-Germain,

puis boulevard Saint-Martin. C'était dur, mais, il faut bien que je le reconnaisse, si je me cachais dans un coin obscur pour pleurer, il y avait au tréfonds de moi, en même temps, une sorte de jubilation – c'est mon côté espiègle qui veut ça – de me sentir assez libre pour faire ce qui ne se fait pas et qui aurait horrifié le bourgeois (que j'avais été jusqu'à dix-neuf ans).

Le plus douloureux à vivre, ce fut vraiment le vœu de chasteté, qui conduit à renoncer à la tendresse. Si ce renoncement n'était pas volontaire, le célibat n'aurait pas de sens ; il ne serait plus que la négation de la femme en soi, et de tant d'autres précieuses valeurs : valeur du couple, épanouissement de soi-même. On ne peut renoncer à la plénitude de la vie conjugale que parce que l'on répond à un réel appel, parce que l'on est en impatience, de toutes ses énergies, tendu vers ce que Jésus appelle pour tous, mariés ou pas, le royaume de Dieu, dans une communion avec tous les humains, et d'abord avec les délaissés, les oubliés.

Ce vœu, certes imparfaitement vécu, ne fut cependant jamais remis en cause. Même si j'ai souffert de cette privation, même si j'ai, à certains moments, rêvé de la joie vécue par les époux comme une merveille humaine au-dessus de toute autre.

Et puis, au fil des confidences reçues de beaucoup, j'apprenais que jamais cette tendresse, dont la faim crie en nous, n'emplit le cœur autant qu'on le désire. Dans les unions les meilleures, les plus heureuses, chacun voit bien qu'il ne peut donner entièrement le plus intime de lui-même, ni l'atteindre, ni le recevoir de l'autre. Et cependant, c'est merveille.

Un jour qu'il était venu me voir à l'abbaye bénédictine de Saint-Wandrille (où j'ai été accueilli pendant huit ans avant ma grave maladie d'il y a deux ans), François Mitterrand m'a demandé si j'avais connu la passion : oui, j'ai été amoureux d'un garçon à l'âge de treize ans, à cause de la beauté de son chant, lors d'une messe de minuit. Si follement que j'en tombai malade. Il ne s'agissait pas de tendresse, d'autant que lui n'y comprenait strictement rien. C'était la passion : une exaltation qui à la fois brûle et glace le cœur. Mitterrand a souri : « Comme c'est heureux que cela vous soit arrivé, cela n'a pu que vous rendre compréhensif pour les passions des autres. » C'est vrai.

La tendresse d'une femme, celle de chaque jour, je ne l'ai jamais vécue. De cela, j'ai éprouvé une souffrance constante, quotidienne, toute ma vie. Car je ne pense pas que, pour un homme, la tendresse existe sans la présence d'une femme. Ou alors, il faut vraiment que Dieu s'en mêle beaucoup !

Mais je ne crois pas que l'aspiration à la tendresse implique nécessairement celle de l'achèvement donné par l'acte sexuel. Bien sûr, il ne faut pas se faire d'illusion : l'aspiration à la tendresse participe de la pulsion instinctive. Cependant, il me semble qu'elle peut exister pleinement sans autre motif que la joie de vivre, avec ce qu'elle comporte de plaisir partagé.

Il y a sans doute un abîme entre la tendresse et le plaisir. C'est pourquoi il me paraît plus réaliste de parler de joie. D'ailleurs, l'une et l'autre peuvent être sur une même orbite, sur une même montée.

Certains, c'est mon cas, ont choisi à un moment de leur vie de consentir à ce renoncement. Le consentement peut être cruel, mais il n'est pas forcé ; on n'est pas au bagne ! Et ce chemin n'entraîne pas moins haut. Oui, je suis resté fidèle à ce vœu, d'ailleurs contracté sans véritable connaissance de cause, sans aucune préparation, sans avoir perçu alors qu'il pourrait me conduire, par-delà des « vallées de larmes », à une autre cime. J'ai souffert, beaucoup même, mais au long de ces années, j'ai découvert – si peu, mais c'est si merveilleux, je l'ai déjà dit – les tendresses de Dieu.

Si j'avais de nouveau dix-huit ans, sachant combien coûte la privation de tendresse, et ne sachant que cela, sûrement je n'aurais pas la force de prononcer joyeusement le vœu de chasteté. Mais étant averti que, au long de ce chemin si difficile, l'on rencontre les tendresses de Dieu, alors oui, sûrement, je dirais oui, de tout mon être.

Ces tendresses de Dieu, elles ne viennent pas seulement à celles ou à ceux qui prononcent des vœux ; elles viennent de mille manières pour qui se met en quête du plus parfait possible. Ces tendresses de Dieu, elles sont lumière, elles sont force.

Pour en revenir aux engagements que prend le moine – pauvreté, obéissance, chasteté –, ils sont absurdes et malsains s'ils ne sont pas, avec l'aide de Dieu, le moyen d'une marche obstinée vers sa transcendance. Et si ce n'était pas une transcendance, ce serait une mutilation. Cette marche, parfois, force à prendre des initiatives au-delà de toute obéissance.

Gardons-nous des peurs et des illusions. Même si nous trouvons souvent que les tendresses de Dieu tardent, elles viennent à temps pour que nous puissions surmonter les découragements et poursuivre notre marche.

Connaissez-vous ce poème de saint Jean de la Croix ? Il dit tout :

Je la connais, la source, elle coule, elle court
mais c'est de nuit.
Dans la nuit obscure de cette vie, je la connais,
la source, par la foi,
mais c'est de nuit.
Je sais qu'il ne peut y avoir de chose plus belle,
que ciel et terre viennent y boire,
mais c'est de nuit.
Je sais que c'est un abîme sans fond et que nul
ne peut la passer à gué,
mais c'est de nuit.

Cette source éternelle est cachée en ce pain vivant
pour nous donner la vie,
        mais c'est de nuit.
De là elle appelle toutes créatures
qui viennent boire de son eau, dans l'ombre,
        mais c'est de nuit.
Cette source vive de mon désir en ce pain de vie
je la vois,
        mais c'est de nuit.

XI

Si ma vie est questionnement perpétuel...

La foi ne peut pas être la conclusion d'un raisonnement logique. Même si, avant qu'elle advienne, on a raisonné, réfléchi, argumenté, elle est acte d'Amour, un acte qui n'est pas déraisonnable, mais qui n'est pas du domaine de la raison.

Si vous demandez à deux jeunes gens pourquoi ils s'aiment, ils ne vont pas faire une liste des défauts ou des qualités, établir la moyenne, dire : « Elle arrive à 51 %, c'est pour ça que je l'aime... » Chacun s'écriera : « Je l'aime parce que je l'aime, et foutez-moi la paix ! Je l'aime comme elle (il) est. » La foi est un acte d'Amour. Il arrive un moment où l'on dit : « Je crois », et on plonge.

Je ne peux décidément pas être d'accord avec Frossard qui écrit en substance : « Je suis entré dans une église et j'ai entendu le prédicateur parler d'un Dieu inconnaissable. » Et il ajoute : « Je suis sorti en me disant : ne me suis-je pas trompé d'église ? Est-ce bien une église catholique ? » Quand j'ai lu cette phrase, je me suis précipité sur le nouveau *Catéchisme de l'Église catholique* pour regarder si, sans que je m'en sois aperçu, on aurait substitué à « Je crois en Dieu », « Je connais Dieu »...

« Je crois » exprime une manière de connaître, sans doute, mais d'un tout autre ordre que la connaissance empirique que peuvent nous donner les sciences. « Je crois » est un élan d'amour pour un infini mystère.

Et le croyant croyable est celui qui montre qu'il est croyant *quand même* ; il ne ferme pas les yeux sur tout ce qui semble nier Dieu : l'injustice, la souffrance, les tremblements de terre, les inondations, le gosse écrasé par un camion, le sida qui vient d'atteindre une famille. N'est croyable que celui qui peut dire à son frère non croyant : autant que toi, je suis révolté, indigné, scandalisé. J'interpelle Dieu et je suis blessé de la blessure des autres. À Kouchner qui s'exclamait : « Évidemment, pour toi, il n'y a pas de problème puisque tu es croyant », j'ai répondu : « Ce n'est pas vrai que la foi fait que je n'aie pas de questions. » Les scandales du monde sont peut-être encore plus difficiles à vivre pour le croyant, car, par tout l'Évangile, il se sent appelé à faire que la perfection existe dans le monde en dépit de tant de désastres et de crimes, et il voit bien combien on en sera toujours loin.

Depuis ma décision d'entrer dans la vie monastique, je n'ai plus connu le doute, mais ma vie n'a pas cessé d'être interrogation. À cet instant même, cinquante interrogations sont devant moi et me font dire : « Mon Dieu, je ne comprends pas. »

Si ma vie est questionnement perpétuel, c'est justement parce que je suis habité par une certitude : l'Infini est Amour. Il m'a fallu, pour avoir cette assurance, en passer par le doute radical. Adolescent, j'avais été ébloui, vraiment ébloui, par le rationalisme inexorable de Descartes dans le *Discours de la méthode.* Ma fascination pour sa rigoureuse critique a abouti à ce qui m'est venu un jour comme un éclair. C'était un dimanche matin, au collège ; j'étais en classe de seconde. Je revois encore la place où j'étais assis, au bout d'un banc contre le mur. Tandis que le père Pontet nous faisait un cours, extrêmement brillant, de culture biblique, cette question m'a frappé en pleine figure : « Tu vis en chrétien, tu t'apprêtes à t'engager dans une vie chrétienne… mais qu'as-tu fait pour vérifier, personnellement, si ce qu'on t'enseigne est vrai ? » C'était comme si je m'étais retrouvé tout nu sur la place publique ! À partir de ce jour, je me suis mis à dévorer tous les livres qui me tombaient sous la main sur les courants spirituels, sur l'histoire de l'humanité. Et c'est au cours de cette quête fiévreuse qu'est intervenu le choc.

Au hasard de mes lectures, je me suis arrêté sur le mot hébreu : *Yahvé*, qui est la réponse donnée à Moïse alors qu'il interroge le buisson ardent : « Tu me demandes d'aller dire aux Juifs de quitter l'Égypte... On va me dire : "Qui t'envoie ?" » – « Tu diras : "Yahvé – "Je suis" – m'a dit d'aller vous dire..." » Moi qui pataugeais parmi tous ces écrits de poètes, de philosophes, tout à coup j'ai senti que je prenais appui sur un roc : j'avais trouvé la certitude de l'Être. Nous venons de ce « Je suis » qui, plus tard, nous dira : « Je suis Amour. »

Longtemps les hommes ont pensé être les seuls ; aujourd'hui, nous savons que, au-delà de notre galaxie, il peut exister mille milliards d'autres cosmos dans lesquels, logiquement, devraient se trouver des êtres libres même s'ils ne nous ressemblent pas forcément. Ils ont ce quelque chose sans quoi tout serait absurde. S'ils existent, ils viennent, comme nous, de l'Amour, et cet Amour est leur destinée tout comme la nôtre. C'est d'ailleurs ça, le fondement du droit : c'est parce que je viens de l'Amour, parce que je vis pour rendre amour à l'Amour, que cela me donne le droit de réclamer les moyens d'accomplir ma destinée.

Avec la certitude de l'être, je suis devant ce que j'appelle la certitude de l'immortalité : mon Moi ne peut pas cesser. Si un seul instant n'avait existé ni être ni cause d'être, alors indéfiniment rien n'existerait. Or, de l'Être est puisque vous êtes, que je suis, que cette table à laquelle j'écris est. Il ne peut pas se faire qu'il y ait eu du « sans-Être ». Nous atteignons là l'Infini. L'Infini, nous le rencontrons quand nous considérons le temps (et pour ainsi dire l'Être hors du temps), mais l'Infini ne peut pas se limiter à telle ou telle réalité que nous connaissons. Ce qui est infini est absolu, et c'est là qu'intervient la foi : la Révélation nous dit que cet Infini est Amour. Cette dimension mystique de la pensée est latente dans le cœur de tous, même pour ceux qui n'ont pas été touchés par la Révélation.

Mon espérance repose sur ces certitudes : d'une part, l'Éternel existe, puisque de l'Être est ; d'autre part, en moi qui ne suis que quelques kilos de matière, il y a un Moi, un sujet, qui est différent justement de la matière, car ce Moi n'est pas un composé décomposable..

Cela étant posé, il y a la grande provocation du mal qui semble nier cette perfection de l'Être.

Longtemps on a laissé croire, on l'a même enseigné, qu'en « donnant sa vie en rançon », Jésus rachetait l'homme à Satan qui le possédait depuis qu'il s'était donné à lui par le péché. (Satan, cette énigme, hideuse séduction du mal, dont nous constatons tous l'existence dans chacune de nos vies et dans les événements de l'histoire humaine.) Ainsi, Jésus se serait donné au mal ? C'est impensable. Mais alors, à qui est versée la rançon ?

Une autre école, celle de saint Anselme, propose une explication différente. Saint Anselme laisse dire à un moine : « La rançon, c'est à Dieu le Père qu'elle est donnée. » Ce moine raisonne à la manière du droit médiéval qui considérait que la gravité d'une offense ne se mesure pas à l'importance de l'insulte, mais à celle de l'insulté. Si un paysan crache sur le roi, l'offense est grande... parce qu'il s'agit du roi. La réparation se mesurera à l'importance de celui qui la présente : c'est donc le seigneur dont dépend le paysan, et non ce dernier, qui devra présenter des excuses au roi. À partir de là une doctrine s'est développée : la doctrine de la « satisfaction ». Quel horrible mot ! Comme si Dieu le Père réclamait tout ça, ce sang, ces horreurs, pour en avoir assez, pour avoir son compte ! C'est abominable.

Ce qui m'a éclairé finalement, c'est une réflexion sur ce que vivent les drogués. Le drogué est à la fois son propre bourreau et son captif. De même, l'homme est la première victime de son péché, qui n'est pas autre chose que la volonté d'être – n'est-ce pas ridicule ! – le propriétaire de lui-même. Tout comme le drogué, l'homme est la première victime de ses erreurs. Je comprends ainsi la rédemption : nous nous sommes dérobés à Dieu, et voilà que celui qui a été dépossédé – Dieu – vient trouver le voleur – nous – et lui dit : « Pour que tu te rendes, je te paie : c'est à toi que je viens me donner en rançon afin que, au lieu de trafiquer et de revendre ce chef-d'œuvre qu'est l'homme, tu te restitues. » C'est l'Amour qui vient se faire serviteur, se donner à son voleur.

Dieu est plus grand que tout ce que nous avons appris. Parce qu'il s'est fait notre prisonnier. Et, par cela même, l'homme est plus grand que tous ses exploits. Parce qu'il est fait pour servir.

Je pense que cette manière de penser la rédemption, la « rançon », prend une dimension très concrète et répond à la soif de dignité de l'homme moderne. Le fait que ce soit à lui-même qu'il a été racheté (et non à Satan) est une reconnaissance de sa dignité. Dieu, en père parfait, la reconnaît !

Si nous refusons cette offre, nous restons dans notre salade de sang et d'horreur. Si nous l'acceptons, nous nous retrouvons libres pour apprendre à aimer.

Quand nous sommes nés, nos parents savaient, par l'expérience de leur vie, que nous, petits d'homme, à mesure que s'éveillerait notre liberté, nous serions tentés de nous réclamer seuls maîtres de nous. Ceux qui avaient la foi savaient que de là venaient tant de malheurs entre les hommes. Ils décidaient alors de nous rendre à Dieu, à son mystérieux Amour. C'était le sens de notre baptême.

Moi qui fus l'un de ces enfants privilégiés, une question me taraude depuis toujours : « Pourquoi moi au nombre, si petit, de ceux de qui la Révélation fut connue ? Alors qu'il y a les innombrables multitudes, depuis le commencement de l'humanité. » Puis vint ce jour où je me trouvais à

Vérone, en Italie, parmi des dizaines de milliers de jeunes. Tandis que l'on traduisait les discours précédents, je regardais distraitement autour de moi. Il y avait là de grandes bandes de toile sur lesquelles étaient écrites les Béatitudes. Et, pour la première fois de ma vie, j'ai pris conscience que toutes les Béatitudes sont écrites au futur. Seules la première et la dernière sont au présent :

« Bienheureux les pauvres de cœur, le Royaume des Cieux *est* à eux. »

« Bienheureux ceux qui souffrent persécution pour la justice, le Royaume des Cieux *est* à eux. »

Ce jour-là j'ai ressenti une joie formidable au-dedans de moi. Tout à coup, je découvrais le sens de ces Béatitudes : depuis le jour où il y a eu trois humains, dès qu'il y en a eu un fort qui a voulu exploiter un faible et dès que le troisième s'est mis entre les deux en disant : « Non. Pas ça, c'est pas juste ! », le Royaume des Cieux était là. Il était là parce que cet homme acceptait de se donner tout entier, ne supportant pas d'être heureux sans les autres, ne supportant pas l'injustice.

Nous sommes le sel de la terre. Sans cette pincée, insignifiante, le repas est insipide. Être le sel de la terre nous donne deux devoirs : ne pas avoir perdu notre saveur et ne pas rester inutilisés dans notre bocal. Si nous assumons ces deux devoirs, c'est l'humanité tout entière qui sera savoureuse et, nous pouvons l'espérer, sauvée. Mais si nous trichons, le sel ne sera plus bon qu'à être jeté et piétiné dans la poussière.

XII

La vie m'a appris...

... que vivre, c'est un peu de temps donné à
nos libertés pour apprendre à aimer et se préparer
à l'éternelle rencontre avec l'Éternel Amour.
Cette certitude-là, je voudrais pouvoir l'offrir en
héritage. Elle est la clé de ma vie et de mes actions.

C'est ce que j'ai dit, pendant le festival de
Cannes, alors que je participais au Journal de 13
heures, en même temps que Gérard Depardieu,
Sandrine Bonnaire et Maurice Pialat, qu'on
m'avait présenté comme une « grande gueule et
qui bouffait du curé ». Quand j'ai eu fini de parler, Pialat s'est écrié : « Pourquoi ne m'a-t-on pas
appris ça quand j'étais enfant ? » Plus tard, il a dit
à un journaliste : « J'ai été élevé dans une famille
où l'on était croyant, mais mes parents ne me parlaient que de l'enfer, de la peur. Jamais de liberté
et d'amour. »

Cette conviction, je l'ai réaffirmée à Alger, lors d'une rencontre où il y avait plus de cinq cents participants, les trois quarts étant musulmans. La réunion terminée, dans la cohue des gamins venus réclamer des autographes, il y avait un groupe d'adolescents qui a attendu que la foule se soit dispersée. Ils se sont approchés : « Monsieur, est-ce que vous voudriez nous redire, pour qu'on l'écrive, ce que vous avez dit de la vie ? » J'étais bouleversé. Il y avait donc des jeunes, d'une autre culture, d'une autre société, qui se posaient la même question…

Il me faut revenir à ce *Yahvé* – « Je suis » – qui a ancré ma foi et orienté ma vie. C'est intéressant d'observer qu'aucun qualificatif ne peut lui être ajouté sans en réduire la portée. Plus on cherche à en dire, plus on limite. Seul un mot peut lui être ajouté sans le minimiser, c'est celui d'Amour. Dans ce mot se tient toute la Révélation : la raison peut connaître « Je suis », elle ne peut pas apporter la certitude que « Je suis » est Amour.

L'amour, nous le savons, nous l'expérimentons, est diffusif de soi. Il ne consiste pas à prendre… Nous sommes un récipient bien trop petit pour contenir l'Infini. L'amour est extase. Il nous fait être plus, en nous sortant de nous-même. Et l'Infini peut se dire totalement. Or, un artiste qui pourrait tout dire dans une œuvre n'en ferait pas deux. Parce que sa perfection suffit, l'Éternel offre dans le Fils toute sa perfection.

Les théologiens ont péniblement inventé le mot faussement arithmétique, glacial, de Trinité, alors que c'est le Brasier de joie et d'énergie, incessantes. Le Père ne peut pas ne pas être en adoration devant la perfection infinie qu'il voit dans le Fils ; le Fils ne peut pas ne pas être en adoration devant la perfection infinie qui est dans le Père ; et l'Esprit, le « Vent », tel le souffle d'un baiser, selon l'image chère aux mystiques, l'Esprit n'est rien d'autre que le mouvement du Père et du Verbe s'aimant. Il est ce mouvement infini dans l'immuable. C'est la Vie, la vie intime de l'Éternel sur laquelle un petit coin du voile nous est levé pour nous faire percevoir la vie sans fin qui est dans cet éternel Amour.

L'Éternel est Amour. C'est le premier fondement de ma foi.

Le deuxième fondement de ma foi est la certitude d'être aimé.

Et le troisième fondement, c'est la certitude que cette mystérieuse liberté qui est en nous n'a pas d'autre raison d'être que de nous faire capables de répondre par l'amour à l'Amour.

L'éblouissante beauté de la liberté n'est pas qu'elle nous rende libres *de,* mais qu'elle nous rende libres *pour.* Pour aimer et être aimé. Non, l'enfer, ce n'est pas les autres ! L'enfer, c'est la solitude de celui qui s'est voulu absurdement suffisant.

Quand on me pose la question : « Pourquoi venons-nous sur terre ? », je réponds simplement : « Pour apprendre à aimer ! » L'existence de tout le cosmos, dans son incalculable immensité, n'a de sens que parce que, quelque part, il y a des êtres dotés de liberté. L'homme, ce moustique infime, sur une planète minuscule, peut être écrasé par l'univers, mais il est plus grand que l'univers, comme dit Pascal, parce que non seulement il sait qu'il meurt, mais il sait qu'il peut mourir en aimant. Pour que l'Amour soit possible, il ne suffit pas qu'il y ait des montagnes, la mer, des glaciers et des étoiles, il faut qu'il y ait de l'être libre. Et cet être libre a une destinée : « Tu aimeras. » Nous sommes destinés à rencontrer l'Amour dont la faim se fait sentir en creux au-dedans de nous.

La liberté des hommes souvent s'égare. Pourtant, elle ne peut pas être effacée. Même si c'est vrai qu'elle est un peu effrayante, cette liberté ! Heureusement, il y a ce que nous appelons la grâce. Je prends souvent l'image du bateau, notre liberté consistant à tirer sur l'écoute pour tendre la voile... Ça ne suffit pas pour faire avancer le bateau : il faut que le vent souffle. Mais si le vent souffle alors que la voile n'est pas tendue, le bateau n'avancera pas non plus. C'est là que se joue la nécessaire complicité entre notre liberté et la liberté infinie de Dieu.

Je me rends compte en écrivant « Dieu », « Amour » à quel point les mots se fatiguent, s'usent... Hitler n'écrivait-il pas : « Dieu est avec nous » sur le ceinturon des SS... ? Je n'emploie

presque jamais le mot « Dieu » sans circonlocu-
tion. C'est la même chose pour le mot « amour »,
qui peut désigner tant de réalités disparates –
mère Teresa, l'amour d'un couple ou les activités
d'une prostituée... C'est pourquoi je préfère
l'expression « l'Éternel qui est Amour ».

Nous pouvons nous poser mille questions :
pourquoi tant d'imperfections, de malheurs ? Si
nous avons cette certitude que l'Éternel est
Amour, que nous sommes aimés, que nous
sommes libres pour pouvoir répondre à l'Amour
par de l'amour, tout le reste, ce n'est que des
« quand même » !

Nuées, même lorsque vous devenez cruelles
tempêtes, vous ne pourrez jamais faire nier le
soleil.

XIII

Les bateaux ont tous un port d'attache

J'aime prier. Il me semble que même mes activités les plus délirantes n'interrompent pas la
prière. Mais je ne sais pas demander. Dans le langage commun, on a fini par assimiler prier et
mendier : « Mon Dieu, faites que je réussisse mon
bac. Mon Dieu, faites qu'elle m'aime ! »

La prière est essentiellement Adoration. Celle
d'un être humain qui est blessé par les blessures
de l'humanité entière. L'Adoration, ce n'est pas
une abstraction : c'est le cri d'une femme, d'un
homme qui sont là, avec leur plainte, leur protes-
tation, leur indignation... en même temps
qu'avec l'élan de louange au mystérieux Amour
que le mal lui-même ne peut mettre en doute.

Ceux qui ont assisté à l'une des messes que je dis chaque jour ont pu remarquer qu'avant le *Confiteor* je préfère dire le *Gloria.* J'ai pris cette habitude après avoir lu ce qu'écrivait un père dominicain : « Cela m'a toujours mis mal à l'aise que l'assemblée eucharistique commence par *Mea culpa.* » Être invité à l'Eucharistie, c'est être invité par quelqu'un de magnifique, de merveilleux. Quelle drôle d'idée d'arriver chez lui en se frappant la poitrine : « Je suis le dernier des derniers »... Arrivons plutôt en disant merci !

Je prie généralement dans la solitude, cette solitude dont j'ai fait l'expérience pendant mes années de vie monastique. Plus tard, lorsque j'ai vécu à Saint-Wandrille, j'ai été dérouté par la longue et magnifique prière collective chantée. J'ai eu le sentiment, au début de mon séjour parmi les bénédictins, qu'ils ne réservaient pas beaucoup de temps à la prière, telle que je la concevais et la vivais. Chaque jour, j'allais dans la crypte, toute petite et si belle. J'ai su plus tard, par le père abbé, que certains moines, pour qui j'étais avant tout un homme d'action, avaient été surpris de me trouver là, passant de longs moments dans l'obscurité muette.

Toute Adoration peut commencer par la prière que Jésus a transmise aux apôtres : « Notre Père qui es aux cieux ». Comme elle garde sa puissance, vingt siècles plus tard, cette image des cieux ! Pourtant, souvenez-vous, quand les premiers cosmonautes soviétiques sont revenus en riant : « Dieu n'existe pas. On a été aux cieux, et on ne l'a pas rencontré ! » Aujourd'hui, nous pouvons méditer cette phrase d'un cosmonaute allemand, Reinhard Furrer : « J'aurais souhaité, après mon retour, que les gens me demandent comment c'était là-haut, comment je m'étais associé à cette noire brillance du monde et quelle impression cela fait d'être comme une étoile tournant autour de la Terre. » Réflexion poignante, et qui marque bien la cassure entre les niveaux de connaissance. « Les cieux », oui, la formule convient parfaitement pour dire ce qu'elle veut dire. Pascal exprime la même chose quand il s'exclame : « Mon Dieu qui êtes d'un autre ordre. » Radicalement autre, échappant à toute limite, à tout calcul, à tout compte.

Il y a sept Paroles dans le Notre Père. Trois exaltent la gloire de Dieu : « Que Ton nom soit sanctifié » ; « Que Ta volonté soit faite » ; « Que Ton règne vienne ». Il n'y a qu'une seule demande : « Donne-nous aujourd'hui notre pain de ce jour. » Le pain, c'est le symbole de tous nos besoins, celui d'être nourri, d'avoir un logis, un travail ; c'est l'évocation de notre détresse d'humain. Après, il y a : « Pardonne-nous… comme nous pardonnons… » Il s'agit là de notre conversion.

Les deux dernières paroles sont plus difficiles à comprendre. Que signifie : « Ne nous soumets pas à la tentation » ? Récemment, à l'un de mes frères qui s'indignait : « C'est blasphémer que de considérer que Dieu peut être tentateur ! », je répondais : « Pour moi, ça signifie : ne nous soumets pas à l'épreuve. »

« Délivre-nous du mal » (ou du malin, le texte original peut avoir ces deux sens), c'est, incessant, le rappel de la plus cruelle des énigmes, celle non seulement de la souffrance, de la torture, de la haine, mais aussi celle du mal qui est en nous et que seul le plus grand Amour peut vaincre.

Est-ce vraiment sage, est-ce que cela correspond à une réalité, de répéter en litanie à la sainte Vierge : « Priez pour nous, pauvres pécheurs… » ? Je ressens cette formule comme presque blessante. Pour Marie, mais aussi pour tous les saints auxquels on s'adresse ainsi. Je les vois tellement unis à l'Amour infini que nos demandes me semblent avoir quelque chose d'offensant. Puisqu'ils sont en divinité, qu'est-ce qu'ils ont à faire d'autre que de nous aimer ! Adorant l'Amour, ils n'ont pas besoin qu'on les en supplie.

Lorsque je réponds à quelqu'un qui m'a écrit : « Priez pour moi », je ne peux pas – non, vraiment, ça ne vient pas –, je ne peux pas écrire : « Je vais prier pour vous. » Alors j'écris : « Je vous garde présent en moi, dans l'effort de chaque jour, pour être, malgré l'âge, servant, offrant, adorant… »

Qu'on ne se méprenne pas cependant : c'est évident que priant dans l'Adoration, je porte avec moi la plainte de celui qui est venu me voir une heure auparavant, de celle dont j'ai lu ce jour-là la lettre angoissée. Je porte aussi la détresse que m'ont montrée les images de la télévision. Je gémis, comme tout le monde. Je dis : « Mon Dieu, au secours ! Venez à leur aide, venez à mon aide ! »

Il y a quelque temps, j'ai redécouvert le dialogue avec l'ange gardien. Oui, ce fameux ange gardien qui, pour moi, avait complètement disparu depuis le temps du catéchisme. En deux circonstances, sans que j'y voie un lien quelconque de cause à effet, après l'appel à l'ange gardien est venue la solution. Certes, quand les solutions nous viennent à l'esprit, c'est qu'on les cherchait depuis longtemps, mais pourquoi sont-elles venues à ce moment-là ? Je n'en sais rien. Et moi qui n'ai aucune image de Dieu, j'ai retrouvé l'émerveillement que j'avais éprouvé, à quatorze ans, devant celle des anges musiciens peints par Melozzo da Forli. Ils sont à la pinacothèque du Vatican. Soixante-dix ans plus tard, comme je viens d'en trouver une reproduction, je l'ai collée là, sur la porte de ma chambre d'Esteville.

Comment expliquer clairement ce qu'est pour moi l'Adoration ? À l'un de mes neveux qui, un jour, me l'avait demandé, je n'ai su que répondre : « C'est comme un éblouissement supportable. » La première fois que je l'ai ressenti, c'était à Assise. J'étais encore collégien lorsque je me suis retrouvé auprès des ruines qui dominent la ville, à la Rocca. Le jour se levait, les arbres commençaient à fleurir. Soudain, de tous les campaniles, de toutes les églises, de toutes les chapelles d'Assise et des villages alentour, les *Angelus* se sont mis à carillonner. Sur mon petit carnet, j'ai écrit :

> « Ah ! les cloches de Pâques !
> Mourir en un matin de cloches,
> mourir en l'un de ces matins
> où la terre entière avoue
> tout ce que l'Amour contient... »

Cette émotion dont je garde le souvenir si vif s'est trouvée comme fécondée lorsque nous sommes montés, ce même jour, au couvent des Carceri, dans la montagne. Ce qu'on nous a dit alors de saint François, dont j'ignorais à peu près tout, m'a ouvert à l'évidence que l'intensité du dénuement, le dénuement de l'Adoration, peut conduire à l'intensité de l'action en même temps qu'à l'union avec tous les humains du monde.

Aujourd'hui, je sais que jamais je n'aurais supporté les sept années pendant lesquelles j'ai vécu cloîtré si cette double conviction ne m'avait habité : l'éclat de ce mot *Yahvé* – « Je suis » –, la vie est Quelqu'un ; et Quelqu'un aimant. Les deux lumières d'Assise...

L'Adoration est celle de la présence de Dieu dans le tabernacle. Il n'existe nulle part au monde un bateau qui n'ait son port d'attache ; et le tabernacle, c'est ça : le port d'où l'on part et vers où l'on revient.

XIV

Une rencontre longtemps retardée

Je vis dans l'impatience de la mort. Ces jours-ci, l'idée de ma mort devient très précise et, fréquemment, je rouvre le dossier de mon testament, pour le relire et pour y ajouter un nouveau petit papier. Récemment, le médecin m'a dit : « Il n'y a pas de raison que vous ne viviez pas encore plus vieux que monsieur Pinay. » Je suis reparti avec un cafard monstre : sans blague, il faut encore tirer la charrette pendant tout ce temps !

Je vis depuis toujours dans cette impatience. À Lyon, la coutume veut que l'on célèbre la fête de l'Immaculée Conception, le 8 décembre, en installant partout aux fenêtres des maisons des milliers de bougies qui éclairent la ville pendant toute la nuit. Une année, je devais avoir neuf ou dix ans, j'avais tellement demandé de mourir que j'étais persuadé que la Sainte Vierge allait venir me chercher ce jour-là. Et puis rien : je n'avais pas reçu la moindre cheminée sur la tête, aucune voiture ne m'avait renversé, et je me suis endormi en larmes parce que j'étais toujours là, à me traîner sur la terre.

Les jolies lumières lyonnaises du 8 décembre réveillent toujours en moi le gosse désespéré de ne pas être mort. Ce n'est pas quelque chose de morbide. C'est la soif de plein soleil et d'eau claire.

Dans la famille, on me blague encore à propos de ma première rencontre avec la mort. Ce fut celle de mon grand-père. Il était à lui seul toute son époque : patron d'une fabrique de mousseline à Tarare, il prétendait que les choses marchaient tellement bien que son associé et lui passaient la plus grande partie de leur temps à se raconter des histoires de chasse ! Je n'ai jamais su s'ils étaient de bons patrons et s'ils payaient bien les ouvriers… En tout cas, je l'aimais bien, ce grand-père. On lui avait défendu de fumer et ma grand-mère y veillait jalousement, mais il m'entraînait avec lui – j'étais alors tout gamin – et annonçait à la cantonade : « Je vais faire un tour place Bellecour » et, hop, aussitôt dehors, il entrait m'acheter un gâteau dans une pâtisserie puis m'emmenait dans le bureau de tabac voisin d'où il ressortait avec un bon cigare : « Tu ne diras rien à Grand-Mère », me disait-il, et nous étions complices.

Voilà qu'il meurt et on me dit : « Grand-Père est parti chez le Bon Dieu. » Bien. Et on me dit aussi de venir l'embrasser ! Là, je n'ai pas compris : « S'il est ici, il n'est pas chez le Bon Dieu… Et pourquoi vous faites tous cette tête-là puisqu'il est chez le Bon Dieu ? Il était gentil, Grand-Père. Il est sûrement bien reçu au ciel. Il sera mieux que chez nous, et n'aura plus mal aux dents ! »

Depuis ce jour-là, la mort – celle des autres, la mienne – signifie pour moi qu'ils sont ailleurs, que je serai ailleurs. Jamais je n'ai éprouvé un sentiment d'anéantissement. J'ai eu le privilège, rare, d'être seul, auprès de mon père, de ma mère, et plus tard de Mademoiselle Coutaz, dans leurs derniers moments, leur tenant la main, sentant leur pouls jusqu'à l'ultime battement de leur cœur. Ni pour mon père, ni pour ma mère, ni pour Mademoiselle Coutaz, je n'ai versé une larme. Ils sont morts, oui, « ils sont ailleurs ». C'est comme si on m'avait dit : « Ils sont partis sur la côte d'Azur. »

L'absence de ceux que l'on a aimés est, je le sais, douloureuse, mais je la vis de manière tout à fait particulière. Peut-être parce que, entré à dix-neuf ans au couvent, j'ai vécu pendant sept ans dans l'absence des miens. Et puis la Providence m'a épargné les morts intimes, les morts atroces. Pourtant, j'ai vu mourir beaucoup de gens, j'ai assisté des blessés, accompagné des mourants, mais je n'ai pas connu l'horreur vécue par les prisonniers dans les camps, ni l'enfer des combattants sous la mitraille.

Les morts dont j'ai été témoin m'ont toujours paru être un moment d'accomplissement : celui où Dieu cueillait sa fleur. C'est exactement ce que j'ai ressenti pour Mademoiselle Coutaz. Nous travaillions ensemble depuis trente-six ans quand elle a eu son attaque cérébrale à l'âge de quatre-vingts ans. Dès lors, elle a vécu immobile, mais pas inactive : elle ne savait pas ne rien faire ! Pendant trois années, elle a classé méthodiquement des timbres que j'achetais par cinquante kilos. Et moi, j'ai passé mes soirées auprès d'elle à faire des petits paquets de cinquante ou cent timbres que j'entourais avec du fil. Ou plutôt, j'essayais : une fois sur deux, je ratais mon coup ! Ainsi, j'ai vécu tout proche de la mort imminente et je n'en éprouvais aucune angoisse, tellement je savais que sa pensée, en cela, était semblable à la mienne.

Souvent je pense à la mort. Je comprends d'ailleurs que certains croient à la réincarnation. Ça ne me paraît pas scandaleux, même si ça me semble superflu, ne serait-ce qu'en vertu d'un vieux principe de philosophie qui dit : « Il ne faut pas multiplier les réalités sans nécessité. » L'Être est nécessaire, bien sûr, mais n'en inventons pas inutilement. Cette réflexion me rappelle la question d'une journaliste : « Et si vous aviez à nouveau quarante ans ? » J'ai ri : « Madame, une fois, ça suffit ! » Pour ce qui est de la réincarnation, je n'y vois vraiment aucune nécessité et je n'ai aucun désir de « remettre ça ».

Nombreux sont ceux qui vivent la mort comme une séparation. Oui, c'est une séparation pour nous, qui restons. Mais pour celui qui vient de mourir, il va connaître la rencontre la plus fantastique que l'on puisse imaginer : la rencontre avec Dieu et, en même temps – je ne sais pas de quelle manière, mais je suis convaincu que c'est en même temps –, la rencontre avec les quelque quatre-vingt-dix milliards d'êtres humains qui ont vécu avant nous. Depuis que je sais qu'on a identifié des milliards de galaxies avec chacune plus de deux milliards de soleils, la quantité ne me pose plus problème !

C'est en toute sérénité que je pense à la mort. J'avais pris l'habitude de dire, avec un ami qui était en train de mourir, « Je vous salue Marie » en remplaçant les derniers mots « maintenant et à l'heure de notre mort » par « maintenant et à l'heure de la rencontre ». J'ai raconté ça à une journaliste et j'ai reçu une lettre d'engueulade d'un vieux prêtre qui avait lu son article : « Quel culot d'oser parler de la rencontre ! Comme si vous étiez sûr que ça se passe bien. » J'aurais dû lui répondre : « Que ça se passe bien ou pas, c'est la rencontre, de toute façon ! »

Vivants, nous vivons entourés d'ombres. Nous voulons connaître, nous voulons aimer, nous voulons, nous voulons... et sans cesse nous sommes confrontés à nos limites. Après la mort nous sommes dans ce que j'appelle « le toujours de l'au-delà du temps ».

Je ne sais que penser de l'impensable enfer. Il n'y a jamais eu de déclaration de l'Église, même à propos de Judas, sur la damnation. Pour moi, être damné, ce n'est pas subir la sanction d'un jugement, c'est, sortant de l'ombre, se voir tel qu'on est fait. « Tu t'es voulu "suffisant". Eh bien, puisque tu as voulu te suffire, suffis-toi à toi-même à jamais. »

La mort, c'est la rencontre prodigieuse, éblouissante, de l'Infini, de l'Éternel, de l'Amour. Alors qu'à tout amour humain est mêlée la souffrance de savoir que, voulant se donner, on ne se donne jamais en plénitude et, voulant recevoir, on ne connaît jamais l'aimé en plénitude. On ne peut jamais vraiment se faire connaître, ni connaître absolument. Il reste toujours de l'ineffable, de l'inexprimable, une part qui est indicible et qu'on ne peut atteindre. Avec la mort, celui qui nous quitte va commencer à nous connaître, dans le plus intime de nous-même, à travers la connaissance que Dieu a de nous.

Alors vous comprenez, je pense, mon impatience. Même si j'ai des remords et des regrets, je n'ai pas peur de mourir. Lors de mon naufrage dans le Rio de la Plata, dès la première seconde où j'ai été dans le fleuve, je me suis abandonné, comme un enfant, avec une sérénité extraordinaire, l'âme remplie par une pensée unique : quand on a mis sa main dans la main des pauvres, on trouve la main de Dieu dans son autre main. Depuis ce jour, je sais que la mort est un rendez-vous longtemps retardé avec un ami. L'attente comblée.

XV

Le troisième secret de Fatima

L'Église catholique porte en elle une sorte de malédiction, de malheur : elle n'est toujours pas guérie des conséquences de l'édit de Milan (313), lorsque Constantin a décidé de mettre fin aux persécutions. L'empereur romain, en effet, ne s'est pas converti à ce moment-là, car il voulait garder les mains libres pour assassiner ses adversaires. Il ne demanda le baptême que sur son lit de mort. Pourtant, c'est lui, et non le pape, qui a convoqué le grand, le très grand concile de Nicée, en 325. Il avait pris conscience que les vertus sur lesquelles reposait l'empire s'évanouissaient (les familles n'avaient plus d'enfants, l'armée n'était plus composée que de mercenaires, etc.) en même temps qu'il avait perçu les immenses ressources d'énergie, de mérites de ce peuple chrétien – patriciens et esclaves mêlés – qui acceptait le martyre parce qu'il croyait en des valeurs nouvelles.

Après Constantin, tous les peuples de son empire sont devenus chrétiens, ce qui a fait dire qu'il est l'apôtre qui a converti le plus de monde ! En fait, c'est que tout simplement la foi du prince – et il en a peut-être toujours été ainsi – était la foi du peuple. C'est alors qu'a commencé une des grandes plaies dont l'Église romaine et toutes les Églises, ou presque, ne sont pas encore guéries : la misère des privilèges. De ces privilèges – et de cette misère – il est resté, encore de nos jours, des traces surprenantes : prenez la tiare, cette coiffure absurde avec ses trois couronnes... Il a fallu attendre Paul VI pour nous en débarrasser. Il est allé la déposer sur l'autel : « C'est trop lourd pour ma tête, mettez ça au musée ». Tout comme il a voulu que le souverain pontife soit débarrassé de la *sedia* – cette chaise triomphale sur laquelle le pape était porté à dos d'hommes au cours des grandes cérémonies : « Je suis bien trop lourd, mettez ça au musée. »

J'attends avec impatience le jour où disparaîtra la mitre dont sont toujours coiffés pape, évêques et abbés ! N'est-elle pas le rappel de ces époques de honteux marchandages, quand une grande partie du produit du travail des moines – et du peuple – était remise à un abbé devenu ecclésiastique parce que papa lui avait acheté un bénéfice ?

Lors du dernier synode, nous regardions ici, à la télévision, le cortège des évêques traverser la place Saint-Pierre. On avait posé des mitres gigantesques sur les têtes de cardinaux tout petits : ça a été l'éclat de rire général parmi les compagnons.

À ce propos me revient la réflexion d'un avocat indien, chrétien. Nous avions été invités par Nehru à Nagpur où se réunissait le parti du Congrès. Je logeais chez l'archevêque et cet avocat était venu nous chercher pour nous conduire au palais du gouverneur de la province. La porte du bureau de l'archevêque était restée ouverte et nous pouvions le voir se préparer. À l'époque, il y avait encore la traîne. Et l'avocat s'est exclamé : « Mon père, à quoi pense-t-il ! Chez nous, il n'y a que les domestiques qu'on habille ainsi. Nehru, chef de cinq cents millions d'Indiens, s'habille comme tout le monde. »

Quand Mgr Roncalli – que je voyais beaucoup lorsqu'il était nonce à Paris, à l'époque où j'étais député – est devenu le pape Jean XXIII et qu'il a pris la décision de convoquer le concile Vatican II, il a dit à l'un de mes amis : « Nous allons assister à la clôture de l'ère constantinienne. » Il voulait dire qu'il fallait en finir avec la confusion entre les signes et parfois les réalités du pouvoir spirituel et ceux du pouvoir temporel. Les prêtres ont été des seigneurs, les évêques ont été des princes, les papes ont été des rois et des chefs de guerre. Savez-vous qu'en Italie, dans les années soixante, la carte du vote communiste recouvrait celle des anciens États pontificaux ? L'usage du pouvoir spirituel à des fins matérielles a conduit à l'anticléricalisme le plus radical, à la détestation de la foi. Pour la France, la séparation de l'Église et de l'État a mis dans la pauvreté beaucoup de prêtres, mais au Vatican, où, certes, il y a moins d'argent, pourquoi s'obstiner à des manières de faire qui font croire que subsistent les richesses perdues ?

J'ai lu un jour un document révélateur de ces confusions. Ça devait être en 1988. Un cardinal africain y expliquait pourquoi il venait de renvoyer cinquante séminaristes : ces étudiants en théologie s'étaient mis en grève parce qu'on leur servait au séminaire la nourriture de leur pays et non celle des Européens. Celle-ci leur apparaissait comme un des privilèges auxquels, devenus clercs, ils avaient droit !

Je suis sûr que l'avenir de l'Église ne sera pas dans la continuité de ce qu'elle a été, de ce qu'elle est encore, dans les apparences de la richesse. Oserai-je ajouter que je suis aujourd'hui persuadé que le troisième secret de Fatima annonce à ce sujet des temps où l'Église sera contrainte à être vraie, à être fidèle à la doctrine de l'Évangile ?

On a toujours refusé de divulguer ce troisième secret. Je suis convaincu qu'il annonce la dislocation de cette carapace qui emprisonne l'Église et sous laquelle l'Évangile est métamorphosé en droit canon ! Que celui-ci soit indispensable, je veux bien. Mais qu'on ne prétende pas apporter réponse à tout avec des articles 53, 114 *bis,* 250 *ter,* que sais-je encore... D'autant que, souvent, ils sont promulgués uniquement parce qu'ils correspondent à la personnalité, au tempérament de tel ou tel pape – dont je ne mets d'ailleurs nullement en cause la foi et la ferveur.

Parfois, je me demande ce que signifie l'extraordinaire énergie dépensée par le pape actuel qui s'en va à travers le monde entier pour rendre présent le message, au risque, parfois, de se trouver au coude à coude et de serrer la main de ceux qui se sont scandaleusement enrichis, ou qui ont fait tuer tant d'innocents dans leur pays. Sans compter que la visite du témoin de Jésus charpentier suscite un étalage de luxe qu'aucun grand chef politique n'oserait espérer.

Mais je suis certain que survivra le message, même si se disloque la carapace. À travers toutes ces péripéties, Dieu n'est-il pas toujours gagnant ?

XVI

Du neuf, du concret, du réel

Ce n'est pas pensable que l'Évangile disparaisse avant la fin du monde, dans des cérémonies royales. Je rêve du jour où, la raison l'emportant, les musées du Vatican seront confiés à l'UNESCO. C'est un trésor de l'humanité, pas un trésor de l'Église !

L'Église a d'autres chats à fouetter.

Autrefois, les fidèles avalaient tout cuit ce qu'elle préconisait. On faisait (?) ce que disait Monsieur le Curé dans son sermon du dimanche. Aujourd'hui, les gens veulent du neuf, du concret, du réel pour remplacer ce qui ne colle plus avec ce qu'ils savent, avec ce qu'ils sont. Car trop souvent, ils ont le sentiment d'être ignorés – est-ce par étourderie, est-ce par mépris ? – dans leurs interrogations.

Je comprends le succès des livres de Drewerman. Certes, j'ai des réserves à exprimer sur plus d'un point, mais sur d'autres je me réjouis.

Que Drewerman dise : ne nous embêtez pas avec des questions si peu liées à la Révélation, si peu fondamentales de la foi, je le comprends. Qu'il simplifie, qu'il débrouille l'expression et l'intelligence des grands mystères essentiels, à cela je dis bravo, même si je souhaite qu'il ne s'éparpille pas.

Je sais que bien des femmes et bien des hommes autour de moi souffrent d'un certain langage de l'Église sur les complexités de la vie morale. En lisant un texte très intéressant du cardinal Ratzinger où il précisait : « Jusqu'à présent, le magistère n'a encore rien dit d'utile au sujet de l'explosion démographique », je me suis dit : « Mon Dieu, merci qu'il en ait été ainsi ! » Au moins, sur ce sujet, nous n'aurons pas de propos ignorant les connaissances scientifiques et qui prépareraient un nouveau procès Galilée !

Face à l'explosion démographique, on n'échappera pas à la nécessité de moyens anticonceptionnels. À ce sujet, me revient à l'esprit une conversation que j'ai eue dans les années soixante avec le cardinal Tisserant qui me demandait :

« Êtes-vous au courant des travaux américains sur l'utilisation d'une plante bien connue des Portoricains pour la limitation du nombre des naissances ?

— Pas du tout.

– N'est-ce pas miraculeux qu'au moment où se pose à l'humanité un problème aussi gigantesque, Dieu fasse découvrir ce produit contraceptif et qu'on travaille pour le fabriquer en laboratoire ! »

Et il me donna une grande bourrade – c'était un costaud, le cardinal ! – avant de m'emmener visiter les logements qu'il était en train de faire bâtir autour de Rome pour des familles de dix, onze enfants. Puis, avec une autre bourrade, il conclut : « Qu'est-ce que nos moralistes vont encore inventer pour nous dire que c'est mal ? »

Un jour l'un de mes frères a eu un entretien avec un évêque au sujet d'un ménage chrétien sans beaucoup de ressources, pour qui l'arrivée d'un troisième enfant aurait été catastrophique. Et l'évêque lui a dit : « Est-ce à l'évêque que vous vous adressez ou au directeur de conscience ? Si c'est à l'évêque, je me dois de rappeler ce que l'Évangile nous présente comme appel à la perfection et qui peut comporter une part d'héroïsme, etc. Si vous vous adressez au directeur de conscience, alors je dois examiner les conditions d'existence de ces personnes, et les inviter à maintenir le sens de la procréation en soi, de la naissance en soi, mais je n'hésiterais pas à leur dire : "Recourez, sans vous culpabiliser, à des moyens anticonceptionnels, car votre premier devoir, c'est de maintenir la cohésion de votre ménage." »

Sur le coup, ça m'avait beaucoup choqué, comme une duplicité. Et puis, en y réfléchissant, j'ai pensé que cet évêque avait vraiment fait ce qu'il devait faire : distinguer entre l'héroïsme de la perfection et l'humainement possible.

C'est d'ailleurs la réponse que j'ai faite quand on m'a interrogé pour la première fois sur le sida, et cette réponse, qui a d'abord paru audacieuse, était reprise deux jours après par le cardinal à Paris, puis par *l'Osservatore Romano.* Pour répondre au journaliste, j'avais demandé du temps, puis je lui ai envoyé un télégramme où je disais : « L'Église, les évêques, les prêtres ont le devoir d'exposer l'appel à la perfection que demande l'Évangile, que ce soit dans la vie conjugale ou dans la vie de célibataire. Mais nous sommes tous fragiles. S'il arrive que nous fautions, n'ajoutons pas le crime à la faute. Celui qui, dans la faute, se ficherait pas mal du risque de contamination et n'userait pas de préservatif, celui-là serait un criminel. » Toutefois, le préservatif parfait, n'est-ce pas la fidélité ?

Pour en revenir à la limitation des naissances, elle ne rend pas le mariage sans objet. Demeure en effet le soutien mutuel des époux qui est, nous le savons, autant une fin au mariage que la procréation.

Encore une fois, l'Église a d'autres chats à fouetter que de légiférer au nom de valeurs désuètes. L'un des buts de l'Église, c'est de nourrir la foi. Et pour cela, le moyen le plus assuré aujourd'hui ne serait-il pas de convoquer le peuple tout entier à trois ou quatre assemblées chaque année ? N'est-ce pas plus revigorant pour la vie intérieure des jeunes que de les obliger à assister tous les dimanches matin à quelque chose qui leur paraît artificiel ? Aller aujourd'hui à la messe pour y retrouver quelques vieilles femmes, en quoi est-ce ressourçant ?

La participation à la messe du dimanche n'est pas une prescription du Christ. Ce n'est que l'une de ces règles que l'Église, petit à petit, a établies. Souvenons-nous que le mot « église » ne veut pas dire « communauté » (sous-entendu « d'inté- rêts ») ; il veut dire « assemblée » : réunion de per- sonnes pour un motif commun. Il est indispen- sable qu'il y ait des assemblées, vivantes, comme celle à laquelle j'ai assisté il y a trois ou quatre ans, dans le Sud-Ouest. L'Eucharistie y a été extraordi- naire, véritablement créatrice de joie et d'enthou- siasme. Le but était atteint.

Oui, il importe de savoir quel est le but pour- suivi. Quand Jésus parle du jugement dernier, il dit : « J'avais faim, j'avais froid, j'étais nu, j'étais emprisonné. » Il ne dit pas un mot sur les sacre- ments, pas un mot sur les vertus, mais il dit : tu as partagé ou tu n'as pas partagé ? C'est sur cela que tu es jugé. Ça ne veut pas dire que les sacrements, les vertus sont inutiles ; mais ce ne sont que des moyens pour apprendre à aimer, le but étant : tu aimeras. Voilà qu'on a donné aux moyens autant d'importance qu'au but, et même, on s'est davan- tage soucié de voir respectés les moyens !

La crosse et la mitre signifient le contraire de l'Évangile. Je sais bien que les signes sont nécessaires. Regardez la croix de Jean-Paul II, si belle, si haute ; ce Christ, si grand dans sa douleur qu'il permet, où qu'il soit dans une assemblée, de savoir où est le prélat... Ce n'est plus la crosse, symbole d'une autorité qui punit, c'est la croix, sur laquelle d'ailleurs le pape s'appuie quand il est las.

Les symboles, les vrais symboles sont nécessaires. De ce point de vue, le concile Vatican II n'a pas été l'*aggiornamento* que Jean XXIII aurait souhaité qu'il fût. La nouvelle liturgie a dérouté bon nombre de chrétiens d'une certaine génération ; ils se sont trouvés démunis pour transmettre leur foi aux plus jeunes. Pour les gosses, par exemple, on n'a pas remplacé ce plaisir qu'avait pu être, pour certains, la jolie soutane des enfants de chœur...

Et le vin, vrai symbole, dans nos pays ? Quel sens peut-il avoir chez les Eskimos qui n'ont jamais vu une vigne ? Faut-il faire venir du vin de Bordeaux au Groenland ou en Afrique pour y célébrer la messe ?

Les rites fondamentaux – la consécration, l'élévation – sont très simples. Il est bon qu'ils soient assortis d'une explication théologique, mais, par eux-mêmes, ils sont parlants. Avec l'Eucharistie, le sacrifice est offert à partir de ce qui est le plus élémentaire : le vin, le pain. Jésus a consacré ce qui était là, sur la table. Aujourd'hui, il faut inventer. Fini le temps où la foi, c'était ce qui se faisait : il y avait une pratique religieuse, comme il y avait une manière de s'habiller, de se tenir en société. Pour beaucoup, la foi se confondait avec la coutume.

Fini aussi le temps de l'anticléricalisme actif. La guerre de 14-18 y a grandement contribué avec la présence de prêtres parmi les soldats, alors qu'ils auraient pu se planquer, puis la Résistance où se sont trouvés ensemble, risquant leur vie pour la liberté de tous, « celui qui croyait au ciel et celui qui n'y croyait pas ».

Aujourd'hui, les questions : Qui sommes-nous ? D'où venons-nous ? Où allons-nous ? n'ont plus de réponses toutes faites. La pratique d'habitude est morte. D'autant plus passionnée et personnelle est pour chaque humain la recherche.

Tout porte à croire qu'une véritable religion va renaître pour l'homme, non pas intégriste mais intégrée.

XVII

Si l'Église veut être croyable

Un jeune évêque me disait récemment : « Vous avez de la chance d'avoir de fréquents contacts avec les médias ; mieux : d'être sollicité par eux. Je vous en prie, dites-leur qu'ils ne traitent pas bien l'Église. » Et je lui ai répondu : « Pensez, mon père, qu'un journaliste est jugé sur le taux d'écoute de son émission ou sur la vente de son journal... S'il annonce que vous, jeune évêque totalement inconnu, vous allez parler, il aura un taux d'écoute zéro ; celui qui vous aura pro-grammé se fera houspiller, et s'il fait deux ou trois "erreurs" de ce genre, il sera viré. Mais si le jour-naliste fait appel à mère Teresa ou à sœur Emma-nuelle, c'est-à-dire à quelqu'un qui s'est mouillé, quelqu'un qui prend des risques, là, il aura une bonne écoute ! »

Souvent, quand j'accepte – une fois de plus – de participer à une émission ou de répondre à une interview, on me dit : « Ça suffit, envoyez-les promener. » Je ne le fais pas parce que je pense à une parole de Jean XXIII que m'a rapportée le général Vanier (le père du fondateur des communautés de l'Arche, chez qui j'ai été hébergé à Alger lorsque j'y suis venu rejoindre de Gaulle après mon évasion). Le pape, heureux de le voir, lui avait dit : « Pendant une audience ordinaire il y a trop peu de temps... Venez demain matin servir la messe dans la chapelle privée... après on pourra causer. » Pendant qu'ils prenaient leur petit déjeuner en tête à tête, le secrétaire du pape lui apporte son agenda, et le général, effaré par tout ce qui était prévu pour cette seule journée, s'exclame : « Mais, Saint Père, c'est écrasant ! ». Et Jean XXIII de lui répondre : « Le pape ne doit-il pas être une source à laquelle tout le monde puisse venir boire ? » Et il ajoute, lui montrant des photographies : « *Mamma mia et tutta la mia famiglia.* Regardez bien, je suis toujours le pauvre Roncalli, mais je n'ai jamais vécu plus grande paix intérieure que depuis que je porte ce fardeau. » Belle réflexion, typique de ce qu'était « le bon pape Jean », et éclairante sur la conscience de la responsabilité du pape, de l'Église...

J'ai entendu quelqu'un dire un jour : « À moi, qui ne suis pas croyant, la manière dont tu vis peut donner envie que la foi soit vraie. » La contagion commence par là.

On se souvient que, dans les années cinquante, dans les premiers temps d'Emmaüs, il nous a fallu construire dans l'urgence des logements pour les familles sans abri. Nous travaillions sans relâche, même le dimanche bien entendu. Et voilà qu'un samedi soir, nous sommes en panne de parpaings. Comment faire ? Tout était fermé. « Il y a un type qui en fabrique, pas loin, me dit-on. Il en a toujours devant chez lui, mais prenez garde, il bouffe du curé. » Bon. J'y vais. Il me fait servir à boire et me dit – je l'entends encore – : « Vous êtes le premier curé que je laisse entrer chez moi. » Et il poursuit, tapant du poing sur la table : « C'est pas possible que ce soit comme ils font ! » (il n'a pas dit : comme ils disent !). Il me raconte alors comment un patron du coin, injuste avec son personnel, menant une vie scandaleuse, avait eu des funérailles somptueuses auxquelles assistaient de nombreux prêtres, et même l'évêque : tout ça parce qu'il donnait pour le séminaire ou quelque chose comme ça. Et puis comment, quelques jours plus tard, pour une petite vieille aimée de tout le quartier, en trois coups de goupillon, l'affaire avait été réglée. « Ça ne peut pas être comme ils font », me dit-il à nouveau en me donnant les parpaings. Et d'ajouter : « Non, je ne veux pas que vous les payiez » ; et alors que je remonte dans la camionnette, il me tape sur l'épaule : « Monsieur le curé, je ne sais pas si le Bon Dieu existe, mais je suis sûr que, s'il existe, il est ce que vous faites. »

Le prêtre de demain devra être agent de contagion. Pour moi, il a charge de faire advenir l'Eucharistie du monde. « Eucharistie », ça veut dire « merci ». Le prêtre doit être l'animateur qui fera jaillir un chant de « mercis » de la création vers le Créateur. Je disais à nos amis d'Emmaüs de Buenos Aires, après le naufrage de 1963 : « Mon Dieu, pourquoi tant de souffrances sur tant de gens ? Oh, alors comme sont nécessaires les prêtres au sens absolu du mot : capables de donner, en même temps que toute la connaissance de la parole de Dieu, tout le débordement, tout le ruissellement des grâces à travers tous les sacrements, l'Eucharistie par-dessus tout. »

C'est pendant les moments terribles, comme celui de ce naufrage où tant ont péri, que l'on voit avec évidence, de manière poignante, la nécessité et la grandeur du sacerdoce, la fonction de celui qui est là pour ça : assumer toute cette souffrance et faire qu'elle prenne un sens par l'offrande. Il y a une mystique sacerdotale, d'ordre fondamental, naturel, nécessaire.

C'est toujours intéressant de se rappeler comment les choses ont commencé pour les prêtres : Jésus a expressément donné mission à ceux qu'il appelait de rendre croyable que l'Éternel est Amour. Le prêtre est le successeur de ceux qui ont été choisis alors. Prêtre, ça veut dire « ancien », « vieux » ; saint Paul réunissait les anciens... Et, petit à petit, on a consacré, comme des anciens, les jeunes. J'ai lu qu'un pape des premiers temps de l'Église blâmait les prêtres qui réclamaient un vêtement particulier : « Pour qui se prennent-ils ? Ils veulent donc être au-dessus des autres ! »

Le cardinal Etchegaray raconte : « Un jour, à Marseille, sortant d'un magasin, je trouve dans mon sac un billet : "Vous êtes le sel de la terre... le sel s'affadit..." Je l'ai pris d'abord pour moi-même. Le lendemain, il se trouvait que j'ordonnais un prêtre pour le service du diocèse. Geste non prévu par le rituel, je lui ai passé discrètement le billet : "Tiens, voilà, c'est autant pour toi que pour moi." »

Maurice Clavel le rappelle aussi, à sa manière : « On n'a pas besoin d'un prêtre parce qu'on a besoin d'un homme de plus. On a besoin qu'il soit autre chose ! »

Car ce que l'Église − j'y reviens − doit faire connaître au monde, c'est : « L'Infini est Amour. » Ne soyons pas étonnés que le monde n'accepte de l'entendre que par des exemples ! Et pas par les mots des intellectuels, des doctrinaires, des prédicateurs !

Encore aujourd'hui, il y a trop de vies de prêtres vécues dans l'irréalisme. Même si personne n'est dupe, la jeunesse, elle, est exigeante : elle veut que la vie soit vraie. Je connais bien la Cordillère des Andes. Il n'y a pas si longtemps, il fallait, pour aller d'un village à un autre, descendre vers la mer et remonter par une autre vallée pour, après des heures, voire des jours, rencontrer un confrère... Il n'y a quasiment pas un prêtre de village qui ne vive en concubinage. Sinon, ce ne serait tout simplement pas vivable. Quand un étranger arrive au village, on lui dit : « Cette dame-là, c'est la dame du prêtre, alors il ne faut pas y toucher. » Mais le jour où l'évêque vient visiter la paroisse, même s'il connaît la situation, Madame se cache.

Sans doute existe-t-il toujours des vocations. Encore faudrait-il leur donner les moyens de leurs engagements. Il faudrait offrir aux futurs prêtres le support d'une vie communautaire, avec la possibilité d'avoir du temps pour la prière, le ressourcement ; il faudrait leur donner les moyens d'une hygiène spirituelle et mentale.

Le prêtre devrait pouvoir compter sur le soutien de la communauté vivante des fidèles. Je préfère parler des fidèles parce qu'une trop grande coupure s'est faite entre les clercs et les laïcs : c'est pourtant le même peuple, chacun ayant des missions particulières, celles de curé, mère de famille, célibataire, etc.

Partout dans le monde, des évêques me disent : « Vos communautés Emmaüs sont un merveilleux préliminaire à la foi. » Et toujours je réponds : « Elles sont préliminaires ET complémentaires. » Que des hommes acceptent de travailler pour donner aux autres le bénéfice de leur travail et non pour s'enrichir, sans doute est-ce une excellente manière de préparer le terrain pour que la parole de Dieu puisse germer en eux. Mais, surtout, le mouvement Emmaüs – qui n'est pas confessionnel – bouscule les « braves gens » qui laissent crever des hommes à côté d'eux sans s'en rendre compte – bien qu'ils soient, comme on dit, impeccables pratiquants – laissant ainsi se maintenir politiquement un ordre injuste dont ils sont bénéficiaires.

Mgr de Souza, archevêque du Bénin, nous a écrit de Rome : « Je suis encore sous l'émotion de ce que j'ai vécu en dix jours avec les communautés Emmaüs. J'ai appris que l'homme, quel qu'il soit, demeure capable de grandes choses. À ceux que j'ai rencontrés ici, dans les congrégations romaines, j'ai parlé longuement de cette expérience enrichissante. Certains ouvraient de grands yeux et n'en croyaient pas leurs oreilles. Comme je souhaiterais que beaucoup de prêtres et d'évêques fassent la même expérience ! »

L'enthousiasme de Mgr de Souza répond, comme en écho, à la prière que je formulais il y a trente ans : « À travers le monde, l'humanité qui souffre a soif de cette transfiguration de sa souffrance que le sacerdoce peut lui apporter. Mais à la condition qu'il s'agisse de vrais prêtres, de prêtres profondément évangéliques. Oh ! que vienne le temps où les paroisses, les diocèses, l'Église seront la communauté tout entière tendue vers le service premier des plus faibles, des plus petits. »

Oui, que vienne le temps où chacun saura que vivre, c'est aimer, et qu'aimer, c'est servir en premier le plus souffrant. Emmaüs fait entendre partout cet appel.

XVIII

L'étincelle Emmaüs

Aujourd'hui, Emmaüs, c'est trois cent cinquante groupes dans trente-sept pays, cent quatre communautés en France avec près de quatre mille personnes, plus une cinquantaine de comités actifs sans communauté. Tout cela est organisé à travers le monde partagé en grandes régions. En outre, un « manifeste universel d'Emmaüs », des statuts d'Organisation non gouvernementale (ONG) ont été rédigés, discutés, publiés.

J'aime dire maintenant : « Mes enfants sont établis. Je ne suis que le grand-père. »

Ce que j'écrivais en 1957 dans la revue *Faims et soifs* pourrait être daté d'aujourd'hui : « Emmaüs a pris l'ampleur d'un arbre immense, dont bientôt les branches ont ployé sous le trop lourd fardeau des fruits, puis, tombant et s'enracinant à leur tour, nombre de ces fruits ont fait et font chaque jour se multiplier d'autres arbres, en toutes sortes de lieux, en France et dans d'autres pays, sous toutes sortes de formes. La forêt est tout entière communion et contradictions, enchevêtrements et heurts des racines et des ramures. »

Car, bien entendu, dès qu'il y a eu plus d'une communauté, Emmaüs, ça a consisté à faire marcher une charrette avec, dans les mêmes brancards, une vache et un tigre. Et c'est chacun son tour qui fait la vache ! Des affrontements, des injustices peuvent survenir. On a connu des heures de conflits douloureux au cours desquels les plus généreux se sont vus menacés d'excommunication parce qu'ils avaient pris des risques. Ce ne sont pas des personnalités banales qui peuvent être responsables de communautés ! Ce n'est donc pas étonnant qu'il y ait des frictions. À Emmaüs, comme partout, il a bien fallu une organisation, des règles, une discipline.

Albert Schweitzer, que j'ai rencontré bien des fois, n'était pas d'accord. J'ai reçu de lui une longue lettre à ce sujet. Je l'ai conservée. Elle est écrite au crayon et commence ainsi : « Je t'écris d'une pirogue sur l'Ogowé… » En substance, il me disait : fais ce que tu as à faire, mais surtout n'organise pas ! Que lui répondre ? Jamais je n'avais pensé à ce qui s'établissait chez nous en termes d'organisation. C'est à mesure que se multipliaient les groupes sur tous les continents qu'elle naissait, cette organisation. Vivante, dénuée de tout bureaucratisme. Elle a existé parce que ceux qui portaient de si lourdes et difficiles responsabilités avaient besoin de se rencontrer, de mettre en commun la diversité de leurs expériences. Comment a-t-on réussi à marcher du même pas tout en laissant naître les initiatives et s'exprimer la multiplicité des tempéraments ? Et en n'oubliant jamais que la base est et reste la communauté des compagnons travaillant pour gagner de quoi vivre... et pour donner.

J'ai connu des jours de joie merveilleuse au milieu des communautés : en France, au Chili, au Japon, en Uruguay... Partout, volontaires et amis d'Emmaüs travaillaient avec des jeunes des quartiers défavorisés ou avec des hommes cabossés par la vie. Ils ne travaillaient plus pour un misérable salaire ni pour produire de quoi améliorer encore la condition de vie des nantis. Dorénavant, ces pauvres et ces « déclassés », que les gens distingués ont vite fait de qualifier de paresseux, voyaient l'utilité directe de leur travail.

C'est cette foi dans les « possibles » de chaque homme, et la volonté d'aider chacun à construire sa dignité, qui ont fondé les premières règles des Chiffonniers :

1. Jamais nous n'accepterons que notre subsistance dépende d'autre chose que de notre travail.
Le pain que l'on mange, on le gagne.

2. Nous ne formons pas une bonne œuvre avec des assisteurs et des assistés.

Les costauds abattent un travail considérable, mais celui qui n'est capable que d'éplucher les pommes de terre compte autant : chacun fait ce qu'il peut, selon ses forces. Chacun travaille pour gagner le pain de tous, et surtout :

3. On travaille sans s'enrichir, et quand le travail produit plus que le nécessaire, on a la joie de donner et de permettre de nouvelles fondations.

À l'époque où se formulaient ces règles, nous disions cette prière : « Mon Dieu, fais-nous capables, frères, compagnons volontaires et amis, de répondre à toute détresse qui demande de l'aide, dans le monde entier, surtout les petits enfants. » Aide à Toute Détresse… ATD vient de là. Le père Joseph Wresinski avait commencé à travailler avec nous et c'est plus tard qu'il a eu cette intuition – géniale – de « quart monde ». Entre les responsables d'Emmaüs et lui, très vite, il y a eu des affrontements. Entre nous, il y avait un écart, radical : il était né pauvre, pas moi. Aucun livre ne m'apprendra jamais ce que la vie lui avait appris, depuis qu'il avait vu pleurer sa mère qui faisait des travaux de couture jusqu'à une heure du matin en se demandant comment elle achèterait le pain du lendemain.

Il avait des intuitions que nous n'avions pas. Par exemple, il avait convaincu des coiffeuses, venant de salons parisiens réputés, de passer quelques heures dans le bidonville pour proposer leurs services aux femmes. Il savait que celles-ci, une fois coiffées, avaient un autre comportement, devenaient d'autres personnes. Toute sa vie, il a obstinément donné priorité à l'instruction et il a eu raison.

Entre nous ça a été violent, difficile, cruel parfois. Aujourd'hui les deux mouvements sont fraternels, et c'est tant mieux, car chacun suivant son chemin avec son originalité, ils sont une extraordinaire richesse.

On pourrait penser qu'Emmaüs est un modèle de vie. Ce serait une illusion, car les communautés accueillent une humanité en poussière – le clochard, l'homme qui sort de prison, celui dont le ménage a été brisé, etc. – et qui va, d'abord, devoir retrouver un minimum de solidarité. Et quand ces hommes ont retrouvé leur dignité, l'estime d'eux-mêmes, ils découvrent que le bénéfice de leur travail peut être partagé avec ceux qui n'ont pas, comme eux, ce qui est nécessaire pour vivre.

Emmaüs a d'abord accueilli essentiellement des hommes. Avec les femmes, ça a été plus difficile. Ceux qui s'occupent des gens de la rue le savent : une femme malheureuse, qui a tout perdu, restera plus longtemps isolée qu'un homme. D'une part, elle saura mieux trouver les moyens de se nourrir et de rester propre ; d'autre part, elle sait qu'en communauté elle souffrira d'égratignures, certes infimes mais qui, accumulées, risquent de lui rendre la vie impossible. Les hommes, eux, peuvent se chicaner, en venir aux mains, et le lendemain être copains ! Sachant cela, j'ai mal de savoir qu'aujourd'hui tant de jeunes femmes sont à la rue.

Il est impensable d'appliquer le schéma d'Emmaüs à ceux qui ont un foyer, des enfants, des compétences et des capacités ; ou alors à un petit nombre seulement d'entre eux. Mais le mode de partage à l'échelle de la société tout entière est à inventer. J'y reviendrai.

Il est vrai cependant qu'Emmaüs n'est plus en marge, comme à l'origine. Des maires disent : « Nous ne pourrions plus nous passer de la communauté Emmaüs. » On a même vu deux fois, à Tours et à Angoulême, poser des plaques « rue des compagnons d'Emmaüs ». C'est la reconnaissance que la communauté fait partie de la cité.

La cité, aujourd'hui, est confrontée à la nécessité de s'adapter à des situations inédites. À ce sujet, la pratique d'Emmaüs peut être éclairante. Depuis toujours, on innove, on invente. Exemple de situation à laquelle il a bien fallu s'adapter : avec la chute de la valeur du carton, fini le temps où le produit de sa récupération suffisait à faire vivre une communauté. Alors un responsable a organisé, avec l'aide de retraités capables et confiants, un apprentissage pour des jeunes compagnons : ils récupèrent des appareils ménagers définitivement en panne et, avec le matériel de deux ou trois frigos bons pour la casse, ils en font un qui fonctionne ! Aujourd'hui, quand une communauté accueille un nouveau compagnon, pas trop âgé, le premier investissement – s'il a prouvé sa sobriété – peut être de lui faire passer son permis : il sera beaucoup plus utile s'il sait conduire !

Emmaüs est né pour répondre à une nécessité, à une urgence. Ce n'est ni une œuvre, ni un mouvement confessionnel, ni un mouvement politique. C'est une école de conscience et d'action civique.

Il serait bon qu'Emmaüs reste comme l'allumette qui, minuscule, peut embraser la forêt. Cela seul importe : que l'étincelle existe.

XIX

La lampe qui baisse

Et c'est Emmaüs qui aujourd'hui m'accueille après toutes ces années d'action à travers le monde. À la Halte d'Emmaüs vivent une trentaine de compagnons âgés et handicapés. J'y suis le plus vieux. Certains visiteurs sont surpris : ici, pas de salle où sont assis des vieux inoccupés ; c'est une maison active.

Cette maison de retraite ne ressemble à aucune autre. Tout le monde y a une tâche, à la mesure de ses compétences et de ses forces. Ainsi, pendant des années, c'est une compagne, Marcelle, qui a pris en charge la blanchisserie de la maison : il en faut, des draps et du linge pour tout ce monde ! Un compagnon fait la cuisine et, en plus il récupère des planches qu'il polit comme du bois neuf et fabrique des tas de jouets qui sont donnés à Noël dans les quartiers démunis. Certains élèvent des poules, des lapins, des chèvres, d'autres entretiennent le potager, d'autres encore, l'automne venu, ramassent les feuilles pour le compost. Il y a aussi les ateliers : on y assemble des carrés de laine tricotés par des grand-mères amies et plus d'un millier de couvertures sont distribuées chaque année ! On récupère des timbres qui sont vendus dans les bric-à-bracs et qui rapportent plus de 20 000 francs par an… on récupère aussi les boutons.

Les compagnons se réunissent chaque année en assemblée générale et décident de la manière dont sera distribué l'argent ainsi gagné. Cette année, Médecins du monde, Enfance et partage, les Amis de sœur Emmanuelle et cinq autres mouvements recevront pour 70 000 francs en chèques. Ça, c'est l'esprit d'Emmaüs : même vieux, même handicapé, on continue à donner !

Comment ne pas être actif au milieu de cette collectivité active ? Et comment ne pas être en paix au cœur de cette communauté d'hommes et de femmes aux gestes fatigués qui continuent à vivre l'idéal du partage ? Le verbe « aimer » ne vieillit pas.

On sait que ma retraite n'est pas totale puisque de nombreux visiteurs sont reçus ici chaque semaine. Par ailleurs, c'est un sujet de plaisanterie pour les compagnons quand ils entendent mes coups de marteau : « Ah ! c'est que le père va mieux ! » À peine arrivé ici, en effet, j'ai planté des clous dans tous les coins pour fabriquer des bibliothèques. Au grand dam des compagnons, car elles cachent presque entièrement les murs qu'ils avaient si joliment peints.

Il en a fallu des rayonnages pour recevoir les livres, les kilos de papier que j'avais entrepris de classer ! Toutes ces lettres et ces documents accumulés au long de soixante-dix années témoignent de nombre de mes découvertes, dont certaines sont partagées dans ce livre.

Aujourd'hui je me rends compte que j'ai vécu tous les combats, toutes les actions, toutes les difficultés avec les compagnons sans avoir, à aucun moment, le sentiment que chaque année j'avais un an de plus. Je me voyais toujours, disons, à trente ans. Dire que j'avais trente-sept ans lorsque a été fondé Emmaüs, cinquante au moment du naufrage, soixante-sept quand j'ai répondu aux questions de Bernard Chevallier pour le livre *Emmaüs ou venger l'homme...* C'est d'ailleurs juste après cette expérience que j'ai pris conscience que je n'avais plus trente ans ! Ça a coïncidé avec le moment où Mademoiselle Coutaz a été paralysée. J'ai dû faire le marché, répondre au téléphone, faire la cuisine ; et un soir où, accablé de fatigue, je terminais enfin ce qu'il était urgent de faire, je me suis senti un homme vieilli, et j'ai pleuré.

C'est sans doute parce que j'ai eu si longtemps trente ans que j'ai ressenti un choc lorsque j'ai reçu le premier versement de ma pension d'ancien député : j'étais donc un vieux qui méritait d'être payé à ne rien faire !

Mais enfin, c'est vrai, je vieillis. Il y a quelques mois, j'ai dit à Geneviève, l'épouse du responsable de la Halte d'Emmaüs : « Pour la première fois, j'éprouve vraiment le sentiment – Dieu sait avec quelle espérance ! – que la lampe baisse. » Et ce jour-là, j'ai pris la décision de ne plus faire le tri de ces centaines de kilos de papiers. C'était trop fatigant. J'ai renoncé. Il a fallu un camion pour emporter les caisses de ces archives au local où une équipe d'Emmaüs international poursuit ce travail. Au-dedans de moi, ça a vraiment été une rupture.

La lampe baisse. Elle va s'éteindre.

Il y a deux ans, j'ai été gravement malade. Après un mois d'octobre d'absolue folie – un jour à Rome, le lendemain à Bruxelles, le troisième à Berne, etc. –, j'ai fini par me retrouver à l'hôpital. D'abord ça a été délicieux. J'étais chouchouté par tout le monde. Oui, la maladie a été une fois de plus un temps béni : je me retrouvais enfant. Mais il a bien fallu quitter l'hôpital ! Les premiers jours, j'ai redécouvert le bonheur des convalescences : quand j'ai pu faire quelques pas dans le jardin, j'ai ressenti la même émotion que lorsque je respirais le parfum des mimosas, à Cannes, où l'on m'avait emmené l'année de mes quinze ans parce que j'étais malade.

Mais lorsque j'ai voulu aller seul au bout du corridor, je me suis vu un autre. Je ne pouvais pas avancer sans m'appuyer au mur…

Maintenant, je me fais gronder lorsque je monte sur une chaise. (Parce que je monte sur les chaises, quand même !) On veille sur moi, on me protège, et moi-même, je me surprends à accomplir certains gestes avec une prudence toute nouvelle : par exemple, lorsque je m'habille, si je dois lever une jambe, je sais que je n'ai plus la souplesse indispensable pour rétablir l'équilibre, alors je prends la précaution d'appuyer le genou sur le bord du lit... et ainsi de suite, pour tous les actes de la vie quotidienne : j'arrête de faire le malin.

En même temps que je me dis : « Tu vieillis », je me répète intérieurement : « Sans blague, quatre-vingts ans ! Te plains pas : tu vois, tu parles, tu marches... du calme ! »

Je vis au milieu de femmes et d'hommes qui sont vieux. Qui voient, un jour ou un autre, mourir l'un des leurs et qui l'accompagnent au cimetière du village où, près du mur au chevet de l'église, sous le grand crucifix couché là, sont regroupées les tombes des compagnons. Ici, on ne se révolte pas contre la mort. C'est pourquoi d'ailleurs, lorsqu'il a fallu choisir un nom pour cette communauté, sans hésiter, je l'appelai « la Halte » : sur une route qui conduit vers l'Infini.

Souvent on escamote la mort. On suit avec ferveur les progrès de la technique qui permettront de pallier les défaillances des organes et des fonctions. À force de voir prolonger la vie, indéfiniment, on vit avec l'illusion de ne pas mourir. Est-ce qu'elle sera marrante, cette prolongation ? Et que serait une humanité où l'on ne mourrait plus ? Une humanité où il n'y aurait plus de place pour les naissances ! À ceux qui s'imaginent que le bonheur, c'est de faire une révision tous les deux ou trois ans pour se remettre à neuf je souhaite bien du plaisir ! C'est absurde : plus de morts, plus de naissances, toujours les mêmes voisins, et sans espérance que cela change !

Je suis convaincu, au contraire, que l'on verra de plus en plus de gens afficher sur leur porte : « Je refuse qu'on utilise la technique pour me faire survivre quand je n'aurai plus toute ma lucidité. » Dire cela ne signifie nullement que j'admette l'euthanasie. Mais ce qu'on appelle l'acharnement thérapeutique est inadmissible.

À partir d'un certain moment, je vous en supplie, oubliez votre pharmacie et laissez la nature faire son boulot !

XX

La Terre n'est pas à nous

Il faut parfois laisser faire la nature. Et il est bon d'écouter la Terre. Certes, ses façons sont rudes, mais c'est un pédagogue irremplaçable.

Au rythme des saisons, des périodes de sommeil et de fécondité, la Terre est fidèle. Elle tient généralement ses promesses pour ceux qui non seulement travaillent, mais savent prévoir et ensemble se prémunir. Si elle peut être chiche, son avarice elle-même devient leçon car elle ridiculise les approches individualistes et comble ceux qui ont su, à grande échelle, organiser coopération et réserves.

Ses caprices, qui peuvent être terribles et faire vivre aux hommes d'affreuses tragédies, soulignent cette leçon rigoureuse, répétant que l'homme ne survit et ne s'accomplit qu'en étant solidaire. Oui, la Terre est école de sagesse.

Ils devraient, ces caprices, nous rappeler avec quelle folie nous dilapidons les moyens dont la science nous permet de disposer : avec ces moyens, nous pourrions prévoir les tremblements de terre, bâtir partout où c'est nécessaire des immeubles résistant aux séismes, faire de l'Everest un fantastique château d'eau, créer des barrages sur le Gange et le Brahmapoutre, protégeant ainsi le Bangladesh des inondations, et fournissant simultanément l'énergie électrique à tout le continent indien.

L'homme a besoin de la nature, même lorsque, par choix ou par contrainte, il vit au cœur des villes. Sous la troisième République, l'abbé Lemire, un député que l'on qualifierait aujourd'hui de « gauchiste », avait lancé la mode des « jardins ouvriers », espaces cultivables autour des agglomérations, où chaque famille, à ses heures de temps libre, entretenait un petit potager. Dans certaines banlieues, on voit encore ces parcelles sagement alignées. Il y en a près d'ici, dans le pays de Caux... Ce serait peut-être une formule à ressusciter, en l'adaptant.

Observer, savoir planter ou ensemencer, entrer dans le rythme des saisons et mettre très tôt les enfants au contact de la nature qui leur enseigne le respect de la vie, tout cela est essentiel à l'équilibre humain.

Devant le fruit, devant le grain de blé, l'attitude qui, chez nous, prévaut généralement, c'est de le consommer tout de suite. Il faut avoir vu, parmi les peuples qui connaissent la faim, comment le chef de famille veille – avec férocité presque – à réserver ce qu'il faut pour les semences. C'est d'ailleurs une des questions qui me hantent quand on nous montre des images de la Somalie ou du Soudan : qu'on envoie de l'aide, bravo ! Mais que prévoit-on pour les prochaines semailles ? Personne ne nous le dit. Les Somaliens, déplacés massivement, ne savent pas où sera leur terre demain, où ils auront le droit de faire un trou pour mettre un grain. La patrie, c'est avant tout la terre où semer.

Que sont ces camps que l'on dit « d'accueil » ? Les images qu'on nous en montre présentent de vagues campements au milieu d'un territoire stérile. Ces camps sont des lieux de concentration et de rejet. Comment ceux qui y vivent peuvent-ils ne pas être acculés au désespoir ? Réclamons qu'ils soient associés à la réflexion qui permettra de redonner à chaque famille, à chaque ethnie, la terre sur laquelle, par un acte de crédit à la nature, elles retrouveront à la prochaine mousson le geste sacré du semeur.

Certains d'entre nous se souviennent encore avoir été grondés lorsque, enfants chahuteurs, ils prenaient de la mie de pain pour en faire une boulette si amusante à lancer. Il était très important alors que le père ou la mère se fâche pour dire : « Le pain doit être respecté parce qu'il y a trop de gens, tout près de nous et loin de nous, qui en manquent. » Oui, c'est important que les gosses d'aujourd'hui aient conscience du caractère sacré de ce qui est nécessaire à tous, mais qui n'appartient à personne.

La Terre n'est pas à nous. Cette notion, fondamentale, est rappelée par les écologistes. En laissant de côté tous les phénomènes parasites, je considère que cette attention nouvelle à l'environnement est un événement capital pour l'histoire de l'humanité. Dorénavant, nous porterons un autre regard sur les activités humaines. Jusqu'alors on exploitait la Terre comme on presse une éponge, sans aucune limite, avec une obsession : aller plus vite que le voisin pour être vainqueur au jeu de la concurrence. Le désastre, déjà très engagé, était assuré.

Dieu merci, les hommes ont compris qu'il fallait cesser ce mode d'exploitation sans frein, qu'il fallait cesser aussi de produire sans prendre garde aux effets catastrophiques de la pollution.

Au cours des millénaires, l'humanité s'est développée en détruisant la forêt. Elle l'a fait – et continue à le faire – sans précaution : regardez ce qui se passe en Amazonie ! Heureusement, on voit aujourd'hui des pays du Sahel, comme le Burkina Faso, engager de grandes campagnes de reforestation.

Conscients du dommage causé à ce qu'on appelle aujourd'hui l'environnement, conscients que nous sommes en train de scier la branche sur laquelle nous sommes assis, nous devons, sans plus tarder, trouver les solutions et les mettre en œuvre.

Il n'y a pas de réponse unique. Il faut faire jouer les compétences. J'ai confiance en l'ingéniosité humaine. Au lieu de détruire des milliers d'hectares de forêt sans lesquels la Terre viendrait à manquer d'oxygène et d'eau, sachons inventer les moyens de nous chauffer et de nous nourrir sans blesser davantage la nature. Au lieu d'apporter aux peuples qui ont faim des cargaisons de denrées qui trop souvent périssent avant d'être distribuées, sachons leur offrir des semences adaptées à leur sol et des engrais qui ne soient pas agents de pollution. Et, puisque la chimie permet de fabriquer des matières totalement nouvelles, susceptibles, en s'ajoutant aux fruits de la nature, de répondre aux besoins d'une humanité de plus en plus nombreuse, faisons de ces recherches une priorité !

Les urbanistes devraient écouter les leçons de la nature. Moi-même, en 1954, je n'ai pas su le faire. J'étais tellement pressé par la nécessité de donner une clé à toutes les familles sans logis que quelques-unes de ces « cités d'urgence » ont été bâties en hâte sur des décharges à peine tassées, seuls terrains que certaines municipalités avaient bien voulu nous concéder. Les immeubles, rapidement, se sont fissurés, et c'était si bruyant qu'aucune intimité n'était possible. (Heureusement, la grande majorité des bâtiments a tenu bon et quarante mille familles ont pu s'y loger.)
Je porte la responsabilité d'un autre défaut de ces cités. Pressé par les supplications de tous ces

jeunes ménages, je n'ai pas su imposer aux archi-
tectes les espaces verts et les aires de jeux indispensables... Oh, je ne parle pas de ces pelouses
impeccablement tondues, mais de prairies où les
gosses auraient pu jouer sans se faire attraper par
le gardien de la HLM.

En quarante années, j'en suis heureux, les
chantiers ont succédé aux chantiers, des quartiers
nouveaux ont surgi partout. Mais lorsqu'il
m'arrive de les traverser, je ne peux pas m'empêcher de me demander : quelle âme habite la ville ?

XXI

Tous sont nécessaires

Dans la grande maison lyonnaise de la rue Sala
où j'ai passé mon enfance, chacun de nous avait
son espace d'intimité et la vie de famille se dérou-
lait sans heurts : trois générations la nourrissaient
de dynamisme, parfois turbulent, et de sagesse,
bien peu sentencieuse. Alentour, les rues étaient
animées par des commerces, des écoles, au cœur
d'un quartier où l'on retrouvait les traces sécu-
laires de la vie des hommes.

Comment n'y avons-nous pas pensé, lorsque
nous avons logé toutes ces familles dans l'urgence ?
En peuplant les cités de couples appartenant tous
à la même génération, nous avons privé leurs
enfants de l'indispensable présence des aînés. Or,
pour que la vie soit vivable, tous sont nécessaires :
le vieil homme, la grand-mère, participent tout
autant à la santé d'une société que les naissances

qui assurent son renouvellement. La cohabitation entre les générations est nécessaire.

On m'objectera que le mode de vie actuel ne permet guère aux trois ou quatre générations d'une même famille de cohabiter. Mais pourquoi ne pas réserver aux plus âgés des appartements proches de ceux où vivent leurs enfants ? Quelle richesse pour les plus jeunes, qui pourraient trouver chez leurs grands-parents un lieu de dialogue ouvert à la confidence !...

Bien entendu, comme pour tout ce qui touche à l'humain, rien jamais ne devrait être systématisé. J'en prends pour exemple ce qui nous est arrivé dans les débuts d'Emmaüs. Un ami qui nous aidait m'a dit un jour : « En laissant vos compagnons avec leur groupe de chiffonniers isolés sur un tas de gadoue, vous leur demandez de vivre comme des moines n'en seraient pas capables. Venez dîner avec eux, chaque jeudi soir, chez nous, en famille. » J'accepte, et voilà qu'après la seconde soirée un des compagnons disparaît. Quand il est revenu au bout de vingt-quatre heures, il m'a dit : « J'ai erré pendant des heures et des heures avec l'envie de me jeter à la Seine. C'était intolérable, pour moi qui ne vois plus jamais mes enfants, de me retrouver au milieu d'une famille où les petits viennent embrasser leurs parents, et puis embrassent aussi "le monsieur" qui est là et qui plus jamais ne connaîtra cette vie-là. »

Nous n'avons jamais recommencé. En revanche, ici, à la maison de retraite, des familles viennent.

Mais c'est nous qui les recevons. Chez nous. Et les deux couples qui veillent à la bonne marche de la maison partagent notre toit. Les jeux et les rires de leurs enfants sont le soleil de notre communauté. Je crois qu'une certaine barbarie peut naître quand les adultes vivent là où il n'y a pas de petits enfants. La barbarie peut toujours naître des exclusions.

On m'a parlé d'une dame qui s'est révoltée quand elle s'est vue rejetée par les siens. D'un milieu pourtant bourgeois, elle a fini par fréquenter les petits cafés arabes de son quartier. Là, elle buvait du thé à la menthe dans une atmosphère chaleureuse, où elle se sentait à la fois accueillie et respectée.

C'est vrai que dans les pays d'Afrique, on considère encore les vieillards avec un profond respect. J'avoue d'ailleurs en avoir profité moi-même pour sortir de l'impasse lors des événements du quai de la Gare. L'État avait fini par s'engager à construire les quelque centaines de logements nécessaires aux familles concernées, et chacune devait venir signer à la préfecture afin d'obtenir son titre d'accès au logement. Or, avec les meilleures intentions du monde, des voix amies s'étaient élevées pour leur dire : « N'allez pas signer, n'allez pas signer ! Une fois de plus, vous allez être roulés ! » Et ça durait, ça durait... Enfin, à minuit, j'ai piqué une colère : « Écoutez-moi. Je connais un peu vos pays et je crois savoir que si sur une question importante on n'arrive pas à un accord à l'unanimité, on s'en remet au plus vieux. Eh bien, ce soir, le plus vieux, c'est moi ! Et je vous dis : Signez ! » Il y a eu un long silence. On a traduit dans diverses langues et l'un des chefs coutumiers est venu s'asseoir à côté de moi et il a déclaré : « Nous irons signer demain matin, parce que vous le dites. »

Dans nos pays nous croyons tout résoudre par les législations sociales. Mais cela ne suffira pas toujours, car les femmes et les hommes retraités sont de plus en plus nombreux.

Sur ce point, c'est véritablement un temps nouveau. Une situation jamais connue. La durée de vie est sans cesse prolongée tandis que, dans les populations aisées, la natalité – qui fait les cotisants de demain – ne cesse de diminuer. Si l'on n'y prend pas garde, nos anciens pourraient bien être regardés demain comme des parasites, dévorant les salaires de ceux qui travaillent. À ce courant d'hostilité presque animale saura-t-on répondre par un courant de compassion ? Mais la vraie solution est ailleurs : il s'agit de sauvegarder pour les retraités une place possible dans la cordée en marche.

Quelle âme habitera la ville ? La question revient chaque fois que j'ai l'occasion de traverser quelque grande cité. Comment l'humanité trouvera-t-elle, dans ces entassements, les raisons de vivre sans lesquelles la vie est une coquille vide ? Comment trouvera-t-elle le recueillement nécessaire pour percevoir, au-delà de la monotonie des jours, les possibilités d'émerveillement ?

XXII

Un jour, avoir été ébloui par la splendeur du monde

« Quoi de plus inutile, de plus stérile apparemment que l'immensité d'étendue et de masse des glaciers ? Mais pense-t-on que sans leur nécessaire action la vie aurait disparu depuis longtemps dans les plaines et les vallées ? Au contact des cimes glacées, que l'on croit muettes, l'air se purifie, se rafraîchit, et redescend, neuf à nouveau, pour que la vie soit possible. »

J'avais dix-huit ans lorsque j'ai entendu ce propos, que l'on qualifierait aujourd'hui d'écologiste, dans la bouche de Pierre Termier, géologue. Il a pris pour moi valeur de symbole : le glacier, c'est vrai, est incessant renouvellement. Dans la profondeur de sa masse colossale, il est comme flottant sur les eaux qui, sous son poids, naissent de lui et font jaillir au loin sources et torrents. J'ai eu la chance de passer, bien au chaud dans des refuges, des nuits sur le glacier et d'entendre là l'étrange bruissement rythmé par le fracas des séracs roulant, se brisant, faisant tour à tour se rompre et se souder ces espaces en perpétuelles tensions.

Et j'ai eu la chance, je l'ai dit, de connaître la paix silencieuse du monastère. Croyez-le : elle aussi est active.

Un soir, le père abbé m'avait invité à parler aux bénédictins de Saint-Wandrille, et je leur avais rapporté les réflexions de Pierre Termier. Dans les jours qui ont suivi, quand les moines me croisaient en souriant, il me semblait lire dans leurs yeux gentiment moqueurs : « Le glacier vous salue ! »

Car on sourit beaucoup à Saint-Wandrille : la joie y est présente, inépuisable. Cette joie évoque pour moi l'image de la haute montagne : lentement, on monte, et à chaque col on est ébloui, un peu plus chaque fois, et l'on continue, dans l'impatience d'être ébloui plus encore.

J'aime la montagne. Elle est très présente dans les souvenirs de la guerre. C'est par le col du Tour, à 3200 mètres, que j'ai organisé le premier passage en Suisse des Juifs venus me demander secours. À la beauté de la montagne s'ajoutait alors l'émotion des mots que l'on pouvait enfin

dire, après des heures de montée par les glaciers :
« Le gardien du refuge que vous voyez là-bas, au
bout du glacier suisse du Trient, est averti. À partir de là, vous êtes en terre de liberté. »

Les mystères de la montagne ne sont pas seulement dans la grandeur et la beauté quasiment
enivrantes des cimes. Ils sont aussi dans la douceur et la sérénité de reliefs plus modestes, gardiens bienveillants des plaines. Leur douceur qui
m'avait envahi au-dessus d'Assise s'est de nouveau
révélée à moi sur la montagne de la Rhune, dans
les Pyrénées. La Suisse refoulant les réfugiés, il
avait fallu trouver un autre chemin vers la liberté.
Je ne peux oublier l'accueil chaleureux que nous a
réservé une famille de la petite ville de Vera : sous
Franco, ce n'était ni facile ni fréquent.

Cette expérience si forte de la montagne, je l'ai
retrouvée récemment, lors de mon second séjour
au Sahara, au sommet volcanique de l'Assekrem.
Trente ans plus tôt, j'ai connu un autre désert,
celui de l'Erg occidental, avec ses dunes comme
un océan de vagues sans cesse balayées et imprévi-
siblement déplacées. Il ne s'agit pas là d'altitude,
mais d'immensité. Durant ce premier séjour,
motivé par une convalescence de trois mois,
j'avais eu la chance, une fois mes forces revenues,
de cheminer en caravane, à dos de chameau, avec
un ermite qui vivait à Beni Abbès. C'est alors que
j'ai rencontré cette solitude d'une qualité si particulière : la solitude qui parle.

Ici, à Esteville, les amis qui m'entourent m'aident à préserver, chaque semaine, quelques heures pour vivre ma « journée désert ». On ne peut pas comprendre à quel point elle est vitale pour moi si l'on oublie les sept années que j'ai passées cloîtré dès l'âge de dix-neuf ans. C'est beaucoup, si jeune ! Cela a gravé en moi l'ineffaçable, faut-il dire... une blessure ? Sans la compréhension de cet invisible, on ne peut pas expliquer le visible de l'action : ces soixante années d'une vie pleine d'agitation, ces responsabilités auxquelles je n'avais pas été préparé... Non, rien n'aurait été possible sans cette grâce un peu folle des années de cloître. C'est irrationnel, ça paraît absurde, mais c'est cela qui m'a permis de ne pas me perdre parmi les chemins de tant d'audaces.

Pendant la Résistance, j'ai traversé une période particulièrement difficile à cause des orientations qu'il fallait choisir. C'est alors que j'ai appris que le presbytère d'un village, face au glacier de la Meije – une merveille ! –, était libre. Je suis allé y vivre pendant une semaine et j'ai jeûné. Après cette retraite, je savais quelles décisions il fallait prendre.

Encore aujourd'hui, lorsque j'interviens, ce n'est jamais vraiment programmé, et pourtant je n'ai pas le sentiment que ce que je dis à la radio ou à la télévision, « tombe mal ». Je crois que l'expérience du désert a inscrit en moi une sorte de réflexe qui remet à leur juste place les morceaux de la réalité.

Pendant des années, j'ai vécu sans lire les journaux, sans même ouvrir un seul livre. Mon temps était dévoré par les appels au secours : dès le réveil je pensais à des planches, à des clous, à des bonshommes qui s'étaient soûlés la veille... Aujourd'hui, c'est avec une sorte de fièvre que je me précipite sur la table des matières de tout livre où j'espère glaner une réponse, un écho à ce qui me préoccupe. Certes, je ne suis pas un lecteur modèle, mais j'ai cette chance de toujours trouver, le plus souvent instinctivement, l'information utile.

Notre société est mal élevée. Elle empiète sur tout et sur tous. Elle ne nous laisse pas être à nous-mêmes. Nous vivons sous un véritable déluge d'informations : meurtres, catastrophes et malheurs du monde risquent d'envahir toute notre conscience. Et cela se passe avec notre complicité car, si l'on voulait résister, on y arriverait. Encore faut-il avoir conscience que, si nous ne nous créons pas les moyens d'une hygiène psychique, mystique, sociale, politique, nous courons le risque de devenir des drogués, impuissants face à ce qui, finalement, est une caricature de la réalité.

Peut-être est-il possible de tirer une leçon de mon expérience... Bien sûr, il n'est pas question de dire à chacun : « Le truc, c'est d'aller, à dix-neuf ans, vous cloîtrer pendant sept ans ! » Mais je crois que chacun peut trouver, tout en étant engagé dans les multiples activités et soucis de sa vie familiale et professionnelle, le quart d'heure chaque jour ou la demi-heure chaque mois pour s'éloigner du brouhaha. Sans oublier que l'humour, le rire sont aussi de bons instruments d'hygiène psychique !

Il nous faut garder les yeux ouverts sur la majesté de la nuit où brillent les étoiles, sur la grandeur du glacier, sur la beauté d'une œuvre d'art ; il faut, un jour, avoir été ébloui par la splendeur du monde, ne plus pouvoir se passer de ces moments prodigieux, savoir les retrouver et s'en souvenir.

La présence de la montagne et du désert fait pénétrer au cœur de ce que l'on peut nommer les mystères de la création. Elle rappelle que le mystère est la seule alternative à l'absurde. L'expérience de la solitude qui parle m'a profondément convaincu que, même si j'ai souffert, je suis un privilégié de Dieu.

XXIII

Le scandale du mal

L'un des moments terribles de ma vie a été cette année 1958 lorsque, épuisé par le surmenage et écrasé par trop de responsabilités, j'ai été tenu pour fou par certains. Isolé, soumis à un curieux traitement qui me faisait vivre en état d'hibernation, j'ai fait un rêve si étrange que je me suis obligé à en rédiger le déroulement :

Je suis dans l'obscurité, face à une palissade derrière laquelle je devine une intense activité me concernant. Je ressens une impression d'isolement. Avec cette certitude qui étreint le prisonnier jeté hors de son cachot : ils me préparent le pire.

Ébloui par une lumière aveuglante, je me trouve soudain précipité dans l'enceinte, avec d'autres prisonniers. Un cri violent : « Il faut que soit détruit le Juste. » Une force irrésistible me projette sur le Juste, sans forme précise, quelque chose comme un oiseau blanc, immense et puissant. Lutte confuse, sans merci, jusqu'à ce que l'oiseau, étranglé, tombe inerte dans mes bras.

J'aperçois alors la Mère. Je sais qu'elle est la Mère du Juste, de la foule, la mienne. Montrant une paroi abrupte, elle dit avec une voix d'une infinie bonté : « Mes pauvres enfants… »

Aussitôt, je me sens arraché à toutes les contraintes, envahi par une volonté farouche de vengeance contre les forces dont j'étais le jouet et qui m'avaient conduit à tuer l'oiseau…

Je bondis vers la paroi abrupte et lance, comme un défi, aux prisonniers : « Quelle autre voie de salut pour tous que celle de gravir les degrés de l'homme ? » Ascension harassante. Au sommet, fraîcheur et clarté. La Mère, le Juste et nous tous, les prisonniers, sommes là, dans la Paix, la Joie, la Vie.

Et me voici maintenant aux abords d'une église illuminée dans la nuit de la veillée de Noël. Un homme âgé, un notable, s'agite : « Je sais quel drame on veut donner en spectacle. C'est scandaleux ! Je proteste ! »

Au-dehors, des adolescents, presque tous estropiés, qui doivent présenter le jeu liturgique vont et viennent. Puis ils jouent une sorte de pantomime, qui n'est autre que la représentation stylisée de ce que je viens de vivre. Mais une phrase a été changée, et à la place, j'entends : « Il faut que soit détruit l'aimé du Juste ! »

La représentation achevée, je fends la foule et, du haut de l'église, je dénonce l'erreur. La foule, indifférente, s'écoule, plongée dans une méditation de paix et d'espérance. Je vois mieux maintenant les plaies, les infirmités, les mutilations des adolescents. Alors j'interroge l'un d'eux : « Dis-moi pourquoi, comment tant de souffrances ? »

Brusquement, comme tout rêve, celui-ci cesse, sans conclusion ni logique. Plusieurs heures durant, conscient que tout cela ne fut que rêve, je suis resté les yeux ouverts, pénétré par le sentiment que là se trouvait exprimée une vérité profonde. Et dans une paix difficile à définir, je me suis senti la conscience comme délivrée.

On peut donner à ce rêve, je suppose, diverses interprétations. On peut le lire comme une allégorie du drame humain et de l'Infini qui est Amour. L'un ne va pas sans l'autre : le scandale de la souffrance et la certitude de l'Amour sont indissolublement liés. La conscience de cette réalité paradoxale me taraude à chaque moment de ma vie ; c'est elle qui fonde toutes mes actions.

C'est ainsi que, pendant le naufrage du Rio de la Plata, commença, alors que j'étais sauvé, étendu sur le pont du petit bateau de sauvetage argentin, le moment le plus terrible : un homme, avec qui la veille j'avais parlé, s'écroula à genoux à côté de moi, la tête appuyée sur ma poitrine, sanglotant. Il m'expliqua que l'on venait de retirer de l'eau son fils de neuf ans, mort. Je ne savais pas parler espagnol, et cependant nous nous disions beaucoup de choses dans les bras l'un de l'autre. Longtemps il resta là, pleurant comme un gosse. Pendant les heures qui ont suivi, cette scène s'est renouvelée je ne sais combien de fois : des hommes, des femmes s'effondraient auprès de moi. C'étaient ceux qui venaient d'apprendre que l'un des membres de leur famille était dans le fond du bateau, cette cale des morts où l'on m'avait, moi aussi, pendant un moment, déposé par erreur.

Plus tard, pressé de questions par les journalistes, je déclarai : « Criez-le : à Buenos Aires, comme dans toutes les grandes villes du monde, aussi bien celles de France que celles d'Amérique du Sud, des catastrophes de pareille gravité n'arrivent pas qu'une fois par an, mais tous les jours de la vie, tous les jours et toutes les nuits. Aujourd'hui, combien de dizaines de milliers de papas et mamans connaissent un désastre équivalent au nôtre ? Et pour eux, personne ne s'émeut et ne se mobilise. C'est leur vie entière qui est un naufrage, qui fait d'eux des noyés de tous les jours. » Inlassablement, je répétais : « Dites merci à ceux qui se sont tant dévoués pour nous secourir, mais dites-leur d'ouvrir les yeux sur les catastrophes quotidiennes qui écrasent tant et tant de familles. Pour celles-là la société ne se mobilise pas, mais s'efforce, hypocritement, d'oublier. »

Peut-on mesurer la souffrance ? Aux chrétiens sans cesse on rappelle : « Jésus a souffert le pire. » Ce n'est pas vrai.

Dans les camps d'extermination, des hommes, des femmes, des enfants ont souffert plus que la Passion. Le « pire », c'est d'être nié, en tant qu'homme, en tant que peuple. Le « pire », c'est d'être exclu de la communauté humaine. Je n'oublierai jamais le mendiant qui me disait : « Leurs regards me passent au travers. » À cet égard, l'expression de Joseph Wresinski, « le quart monde », est terriblement juste. Pendant longtemps, on a parlé de deux mondes : l'Ouest et l'Est. Puis l'attention s'est portée sur un troisième monde. Et une fois l'humanité ainsi découpée en tranches, on a vu qu'il restait encore, au cœur de chacune de ces couches, des personnes qui n'appartiennent à aucun de ces mondes, tant leur détresse est grande.

Dans notre pays, nous sommes si peu attentifs, si peu éveillés à cette détresse-là ! J'ai été choqué que pendant si longtemps les uns aient considéré que « les nouveaux pauvres », c'était une mode, et beaucoup d'autres, un mauvais quart d'heure à passer. Non, c'est une réalité. Et durable. Il faut sans cesse revenir aux faits.

Déjà en 1984 nous la rencontrions, cette « nouvelle pauvreté ». Un soir de cet hiver-là, les compagnons ont distribué mille repas à des hommes qui, deux ans auparavant, avaient tous « une situation ». Et chaque année, de nouvelles vagues sont venues s'ajouter à celles qui étaient nées au début de la crise.

Serait-ce de l'étourderie ? nous oublions si vite ce qui peut troubler nos occupations. Ne serait-ce pas qu'au fond de nous-mêmes il y a la peur ? Peur du « mal des banlieues » par exemple. Mais à quoi ça sert d'avoir peur ? Pourquoi y anéantir ses énergies ? Parce que c'est dangereux ?

Oui, car ça peut éclater à tout moment. Mais ce qui est pire, c'est ce qui précède l'éclatement, la passivité, toute cette période pendant laquelle des milliers de jeunes exclus, souvent chômeurs, restent muets. Pour eux, rien n'est plus dégradant. Alors ça explose ! Quoi d'étonnant si dans l'explosion de la juste colère viennent se glisser des voyous et des voleurs ? C'est normal que ça finisse par exploser. Ne suffit-il pas qu'un flic ait, bien involontairement, renversé un gamin ?

Au lieu d'avoir bêtement peur, soyons à l'affût de tout ce qui est concrètement possible. Ce qui importe, c'est de faire, au moins, ce qui peut être fait.

Un jour, un ancien ministre du logement m'a écrit en substance : « Vous êtes encore indispensable, certes ; mais quand vous avez commencé, dans les années cinquante, il y avait 29 % des Français qui se disaient mal logés. Aujourd'hui, les enquêtes établissent qu'il y en a "seulement" 9 %. » À cela, je réponds : « Mais s'il n'y avait que 1 % de Français mal logés, je m'engagerais de la même façon que je le fais aujourd'hui pour les 9 %. Moins ils sont nombreux, plus on est coupable, puisque la solution est plus facile à trouver. 9 % des familles, 1 %, une seule famille… Il n'y a jamais de quantité négligeable en matière d'humanité. »

La France est l'un des sept pays les plus riches du monde, et pourtant, l'été dernier, des dizaines de familles de travailleurs sans logis, traquées par la police, ont cherché refuge d'église en église. Elles erraient dans les rues alors que des centaines de locaux existent, habitables mais laissés vacants ou murés. Parfois même, sous le regard de familles désespérées, on en a fait arracher les toitures !

Le scandale du mal, c'est qu'on l'oublie. On s'en fait complice.

L'injustice, ce n'est pas l'inégalité, c'est le non-partage.

XXIV

Être blessé de la blessure de l'autre

En ville, chaque jour, on croise des hommes et des femmes qui, de plus en plus nombreux, demandent de l'aide. Et, à la fin de la journée, que nous ayons donné ou pas, nous nous posons la question : qu'ai-je fait ? Qu'aurais-je pu faire ? Je crois qu'il faut avoir l'humilité de reconnaître que nous n'avons pas le temps, que ce n'est pas non plus forcément notre rôle. Mais ce que l'on peut, ce que l'on doit faire – que l'on donne ou pas – c'est agir en sorte que cette femme, cet homme aient vu que vous les voyiez. Bien sûr, si vous pouvez leur donner dix francs, c'est mieux. Mais, en faisant ce geste, regardez-les ! Un jour l'un d'eux m'a dit : « Le pire, dans ces moments-là, c'est leur regard. Il n'a pas distingué cet humain qui mendie de l'affiche qui est sur le mur, derrière lui. »

C'est vrai, il faudrait avoir le temps et s'asseoir à côté de celui qui mendie. Mais combien d'entre nous disposent de ce temps ? Dans les débuts d'Emmaüs, nombreux étaient ceux qui ont rejoint la communauté parce que je m'étais arrêté pour parler avec eux alors qu'ils étaient, pour certains, au bord du suicide. Mais ne nous racontons pas d'histoires : il faut avoir du temps pour s'arrêter, pour revenir, pour écouter. On ne peut pas demander cela à la mère de famille ou à celui qui est contraint à l'exactitude par son travail : leurs vocations sont d'un autre ordre.

C'est d'ailleurs à des vocations de ce type que font appel les grandes campagnes d'affichage pour tel ou tel mouvement caritatif : chacun se privera un peu, de manière raisonnable. Certains se demandent à quel mouvement ou à quelle association il vaut mieux donner. Il n'y a pas de réponse toute faite à cette question, mais il n'y a pas de quoi, en tout cas, en faire un casse-tête : chacun réagira en fonction de son histoire, de sa sensibilité : parce qu'il a voyagé dans tel pays du tiers monde, parce que la souffrance des enfants lui est insupportable, parce qu'un de ses amis se débat avec le sida ; d'autres militeront ici ou là.

Pour ma part, j'ai été choqué à une certaine époque par ces opérations publicitaires. Je sais bien que ceux qui les réalisent sont des professionnels, les mêmes qui aident les partis politiques à présenter leurs programmes... Du reste, ils ne sont probablement pas insensibles à la misère alors qu'ils pourraient être de purs et simples techniciens, indifférents au sens du message qu'ils savent si bien faire passer.

Si j'ai été choqué, c'est aussi parce qu'Emmaüs n'a pratiquement jamais eu besoin de faire ce genre de publicité puisque les compagnons se donnent par leur travail les moyens de vivre. Mais la plupart des mouvements et associations ne peuvent pas, étant donné ce qu'ils sont, avoir de ressources propres. Il est donc tout à fait normal qu'ils fassent appel aux bonnes volontés.

Ces bonnes volontés cependant ne remplaceront jamais ce que la société, dans son ensemble, doit accepter : le partage.

Pour que le partage soit vrai, il faut le mettre en œuvre en commençant par les plus démunis. Si, dans le partage des revenus, on définit d'abord la part du président, puis celle des ministres, des chefs d'entreprises, des cadres, etc., jamais il n'y en aura assez pour les balayeurs ! En revanche, si l'on commence la redistribution par les balayeurs pour passer ensuite à l'ouvrier maçon, au travailleur de l'usine, etc., en montant ainsi, de degré en degré, jusqu'aux niveaux de responsabilité et de pouvoir les plus élevés, il y en aura toujours assez. Et tant pis s'il y en a un peu moins en haut et tout le long de l'échelle !

Attention, je ne pense pas qu'il soit injuste que le ministre, le chef d'entreprise reçoivent davantage. Si ce n'était pas le cas, il n'y aurait personne pour assumer ces rôles difficiles et ces fonctions ingrates : ce n'est pas marrant, ça dévore la vie de famille, les loisirs... Ces devoirs et ces charges demandent, c'est évident, des compensations.

Les salaires, les revenus ne peuvent pas être égaux. L'égalitarisme, ça n'existe pas : deux frères jumeaux, nourris de la même façon, recevant la même éducation, ne seront jamais pareils ; l'un sera doué pour le sport, l'autre pour les mathématiques. Et alors ! L'égalitarisme, ça ne fonctionne pas, même pour les pauvres entre eux. Tout est inégalité. Et les inégalités, lorsqu'elles ne sont pas la conséquence de situations scandaleuses qu'il faut dénoncer, sont un appel : toi, le costaud, considère celui qui est fragile ; toi qui as des moyens financiers importants, vois celui-ci, qui en est dépourvu. À l'école de la vie, dont on dit si souvent qu'elle est « dure » parce qu'elle est faite d'inégalités, on n'a guère le choix : soit l'on apprend à aimer, soit l'on devient un monstre.

Oui, la vie est tissée d'inégalités. Pour moi l'abolition de toutes les inégalités sociales n'a aucun sens. Je trouve simplement qu'on leur a ajouté une valeur considérable qui n'a pas lieu d'être. Le travail de celui qui exerce une activité subalterne est aussi utile à la vie de tous que celui du cadre supérieur. Tout le monde ne peut pas faire Polytechnique... et la société serait bien embarrassée si demain elle n'était plus constituée que d'ingénieurs ! Il n'y a aucune honte à être parent d'un enfant qui « ne peut pas suivre » à l'école. Doit exister, pour lui aussi, un emploi rétribué et respecté.

Aux États-Unis, il n'est pas rare de voir des jeunes « de bonne famille », comme on dit, exercer des travaux manuels, parfois salissants, et après le travail passer sous la douche et retrouver leurs amis bon chic bon genre, sans que personne pose la moindre question... Chez nous, la prison des conventions rend impensable que le fils de l'ingénieur devienne simple ouvrier... quand bien même son bonheur serait de l'être ! Sur mes cent vingt-trois neveux et nièces il y a des PDG de grosses entreprises multinationales et il y a de simples infirmiers et un veilleur de nuit. Dans l'asile où il travaille, il joue un rôle moral très important. Il y est heureux et sa famille elle aussi est heureuse. Je le répète : tous sont nécessaires.

Jamais un enfant ne devrait entendre dire qu'il n'a pas d'avenir ; jamais aucune femme, aucun homme ne devrait être « de trop ».

Si, aujourd'hui, il y a des hommes et des femmes « de trop » c'est parce qu'on se conduit comme des crétins ; comme si, ayant soixante litres de bon vin, on voulait à tout prix les faire tenir dans une bonbonne de cinquante litres... On s'étonne ensuite que ça déborde... Eh oui, ça déborde ! Et même ça crache et ça salit.

Tant qu'on n'aura pas compris que les dix litres ne sont pas « de trop », tant qu'on n'aura pas fabriqué la deuxième bonbonne pour les contenir, il y aura chaque hiver le « scandale des sans-logis » et chaque été la « violence des banlieues ».

Il y a en France quatre cent mille « sans domicile », dont quarante mille à Paris et dans sa région, et vingt mille filles de moins de vingt-cinq ans qui dorment la nuit dans les asiles ! En moi, ça explose, car notre pays a tous les moyens pour bâtir les logements indispensables : main-d'œuvre, technique, matières premières... Et il y a les sous ! Mais le budget de l'État ne prévoit pas le partage... La France, qui est l'un des pays les plus riches du monde, est pareille à un magnifique champion qui a un chancre à la jambe. Comme ça ne se voit pas et qu'il est toujours aussi beau et fier de lui, on ne s'occupe pas de son abcès. Les quatre cent mille couche-dehors, c'est le chancre à la jambe du champion. Et le champion court le risque d'en crever.

En moi, ça explose, parce que je suis blessé de la blessure du chômeur, de la blessure de la jeune fille à la rue... Comme une mère est malade de la maladie de son enfant. Voilà ce qu'est la charité, dira-t-on avec un sourire un peu méprisant, car le mot, déprécié, évoque les « bonnes œuvres » des belles dames riches d'autrefois. Mais être charitable, ce n'est pas seulement donner, c'est avoir été, être blessé de la blessure de l'autre. C'est aussi unir toutes mes énergies aux siennes pour guérir ensemble de son mal devenu le mien.

Si la politique n'inclut pas cette charité-là, elle est infirme, boiteuse, inefficace.

XXV

Les tâches sont universelles

Que de fois ai-je dit, lorsqu'est née ma popula-
rité : « J'en ai assez de ces gens qui piquent avec
une punaise une photo de l'abbé Pierre au-dessus
de leur lit. Le matin, au réveil, ils versent une
larme en la regardant, et ils croient qu'ils ont
beaucoup travaillé. » On n'a pas agi parce qu'on a
pleuré.

On agit quand on réclame les moyens pour
que cesse l'injustice. C'est le sens de la dédicace
que j'ai écrite pour le général Eisenhower sur le
premier livre consacré à Emmaüs : « Si le monde
libre vainqueur n'est pas capable de demander à
sa jeunesse autant de sacrifices pour lutter contre
la misère qu'il en a demandé pour lutter contre la
tyrannie, alors tant de sacrifices étaient vains, car

bientôt la liberté victorieuse ne sera plus que moribonde. »

Pour ma part, j'écris, je parle, j'interviens. Aujourd'hui, je vous demande, à tous, d'entrer à votre tour dans la « belle guerre », la guerre contre la misère et contre l'injustice. Quand c'est la « sale guerre » (celle dans laquelle, hélas, il n'y a pas le choix parce que c'est : « Je te tue, sinon c'est toi qui me tues ! ») gosses de riches et gosses de pauvres, tous sentent ce qu'ils risquent de perdre et tous sont mobilisés. Mais trop de gosses de riches désertent sans honte la « belle guerre », alors qu'il est tout aussi déshonorant d'abandonner ses compagnons au combat. Faut-il se résigner à ce que seuls les gosses de pauvres soient partie prenante ? Ce serait idiot ! Souvenons-nous de l'image du champion avec son chancre à la jambe… Paris est enveloppé par une ceinture de bombes, et les désespérés, tôt ou tard, la feront exploser. Le désordre de la violence entraînera la répression qui provoquera la haine, donc plus de répression. Les fascismes naissent ainsi.

Nous vivons en démocratie. Si infirme soit-elle, elle reste le moins mauvais des systèmes. Et pour la servir, nous devons choisir des personnalités capables.

Certes, je le sais, les ministres ne sont pas des experts, mais ils doivent, d'une part, avoir le « flair » politique et, d'autre part, savoir s'entourer des experts qui pourront leur donner la maîtrise technique des responsabilités qu'ils exercent.

Dans le village de Bretagne dont il est le maire, Kofi Yamgnane, qui fut un temps secrétaire d'État, a créé, à côté du conseil municipal, un conseil des sages, comme il en existe dans les villages de son Togo natal. Ce conseil n'a aucun pouvoir, mais on ne vote qu'après avoir écouté ses avis. C'est une initiative intéressante, qui mériterait d'être reprise au niveau national : on parle toujours des députés, des sénateurs, presque jamais des conseillers... Et pourtant, la démocratie en a besoin.

On a vu trop de ministres incompétents. On voit encore des députés incompétents. Moi-même, je l'ai été. Quand je pense que j'ai été secrétaire de la commission de la Défense nationale alors que je connaissais tout juste le nom d'un ou deux généraux ! C'est grave. Devant l'incompétence ou – autre défaillance fréquente – le manque de courage, on peut craindre que le peuple s'en remette au démagogue dont le seul programme sera de dénoncer avec violence ces carences. La démocratie alors sera en péril.

J'ai peur quand je vois qu'aujourd'hui on vote de moins en moins. Je l'ai dit l'an dernier à *La marche du siècle* : « Vous les filles et les garçons, avant tout, votez ! Si vous ne votez pas, vous n'êtes pas dignes d'être traités autrement que comme les esclaves d'un dictateur. »

Je me souviendrai toujours que, lorsque j'avais treize ou quatorze ans, mon père – qui était très malade – nous demanda, à l'un de mes frères et à moi, de l'installer sur une chaise, de le descendre et de le porter jusqu'au bas de la rue, pour voter. Ceux qui accèdent aujourd'hui au droit de vote n'ont pas eu à le conquérir. Ils y sont habitués et le considèrent comme de peu de valeur. Il faut en avoir été privé pour en mesurer l'importance.

Je suis furieux quand j'entends dire : « En politique, tout le monde a les mains sales, alors je ne vote pas. » C'est intolérable : on n'a pas le droit de dire que la défense du bien commun – car c'est ça la politique –, c'est malpropre.

Il faut voter. Il faut aller dans les réunions publiques interpeller les candidats, quelle que soit leur couleur politique, et leur demander si la lutte contre l'exclusion est pour eux une priorité.

De plus en plus, nous savons, nous pouvons être vigilants. Mais il est impossible, techniquement, de l'être seul. On ne peut être efficace qu'avec d'autres, dans un mouvement, un parti bien choisi, quitte d'ailleurs à le chahuter de l'intérieur.

Je répète à ceux qui vont devenir adultes : soyez compétents, travaillez, travaillez sans relâche pour acquérir le maximum de compétences et mériter les responsabilités qui seront les vôtres ! On ne devient pas un homme politique par devoir, pas plus qu'on ne devient un bon musicien par devoir. Il existe certainement des personnalités qui plus que d'autres sont faites pour cela. Robert Schuman en reste pour moi le meilleur exemple : en quarante ans de vie politique, il ne s'est pas enrichi d'un centime, mais il aimait les responsabilités et s'y trouvait comme un poisson dans l'eau.

Les meilleurs sont ceux qui restent exposés à la blessure des « manquant de tout ». Ça n'est pas facile, car lorsque l'on est parvenu à de hautes fonctions, on ne fréquente plus que des gens semblables à soi-même, ne manquant de rien. Et l'on a alors le sentiment sincère que l'urgence, c'est d'embellir l'Opéra, sans penser qu'il existe des familles démunies qui n'ont pas de toit. Et pour cause : on peut avoir vécu quatre-vingts ans dans une ville sans en avoir jamais rencontré...

Tout le monde ne peut pas avoir de responsabilités politiques, mais tous, nous sommes des citoyens. Nous constituons l'opinion publique. Et en démocratie, c'est l'opinion publique qui a le pouvoir.

C'est parce qu'elle s'est souvenue de cela que l'opinion publique a fait vivre, en février 1954, un moment de soulèvement. Quand elle a su le nombre des sans-logis, quand elle a ressenti leur situation comme insupportable, elle a obligé le parlement, puis le gouvernement, à prendre les mesures nécessaires pour que l'on s'attaque à l'injustice et au gâchis humain.

On me dit « de gauche ». Ça me fait sourire. Droite, gauche, je n'en sais rien. Compte tenu de ce que je suis, mon choix est de montrer la réalité telle qu'elle est et de faire percevoir les priorités.

La politique ne me fait pas peur. Car elle inclut l'amour, avec la faim de justice.

Au nom de l'amour et de la justice, nombreux sont ceux qui s'engagent aujourd'hui dans les organisations humanitaires, fiers et heureux de ce qu'ils font, mais résolus à ne pas s'occuper de politique. Mais qu'est-ce que l'humanitaire sans le politique ? Pour que tous ne meurent pas en Somalie, une fois acheminée l'aide humanitaire, il va bien falloir des têtes pour se demander avec qui, où et comment mettre en place les institutions qui vont permettre de reconstruire l'avenir de ce peuple !

Le mal du monde nous arrachera-t-il à notre incroyable étourderie ? Notre aveuglement par rapport à ce qu'il faut faire est de la même nature que celui de l'armée française au moment de la construction de la ligne Maginot. C'était génial, la ligne Maginot, mais il a manqué quelques kilomètres pour qu'elle aille jusqu'à la mer, et l'ennemi, pas si bête, dont on avait pourtant prévu tous les angles d'attaque, n'a eu qu'à faire le tour pour nous attaquer dans le dos !

Les solutions, il va falloir les chercher ensemble. Sinon on s'épuisera à prévoir des « aides aux pays en voie de développement », des « revenus minimum d'insertion » pour que les hommes aient du pain, sans leur donner les moyens de vivre. Vivre humainement. Il va falloir inventer des idéologies à la mesure de la réalité nouvelle. Les tâches sont universelles.

XXVI

On ne se sauvera pas les uns sans les autres

Il nous faut des contagieux.

Aucune valeur humaine ne peut grandir et se transmettre sans contagion. La contagion est une manière d'être, qui va de soi, comme celle des parents qui accompagnent l'enfant dans son éveil à la vie. Le contagieux, c'est celui qui sait voir et les horreurs du monde, et ses merveilles, qui ne peut pas supporter les horreurs et qui cherche les solutions pour qu'il y en ait moins. Celui-là peut être entendu parce qu'il a agi.

L'homme politique, techniquement compétent, peut bien intervenir pour « l'accès à tous », « la lutte contre la misère », « l'action concertée contre le chômage », mais si, tout en parlant, il ne pense qu'à sa partie de golf du lendemain, il ne sera pas entendu. Pour convaincre, les arguments sont nécessaires. Mais les actes le sont davantage.

Qu'ils osent, les contagieux ! Qu'ils n'hésitent pas à utiliser les médias ! Leur action galvanisera l'opinion. Et parce qu'on les aura écoutés, on leur redonnera la parole ! Ce sont eux qui somment d'agir les responsables et l'opinion publique, en les rendant plus clairvoyants et en leur imposant simultanément deux types d'action : l'action d'urgence – le secours immédiat : « Tu as faim, voilà à manger » – et la planification, qui n'est plus aujourd'hui à l'échelle du pays, mais à celle de l'Europe, à celle du monde.

L'an dernier, au moment où s'ouvrait le débat sur le budget du logement, j'ai écrit aux députés et aux sénateurs :

« Messieurs,

Vous devez prendre, tout de suite, deux décisions :

1. reconnaître comme « catastrophe nationale », avec toutes les conséquences de droit et de devoir que cela implique, le fait qu'en France deux millions et demi de familles sont mal logées et que quatre cent mille personnes couchent dehors ;

2. établir immédiatement, dans le cadre du plan, quelque « haut comité pour l'habitat des défavorisés ». [...] Vous ne pourrez jamais dire, sénateurs et députés, après ce que je vous écris cette nuit (il est trois heures du matin) : nous ne savions pas. »

Plus tard, je leur ai écrit :

« Ne nous regardez pas en ennemis de l'ordre, en adversaires du pouvoir. Nous avons pour seule volonté de vous aider à être dignes de vos charges selon la loi de paix et de vie : servir premiers les plus faibles. »

Devant le malheur qu'entraîne la montée du chômage, il va falloir s'atteler simultanément à deux tâches : celle qui a trait à l'automatisation (afin de produire mieux et plus sans écraser l'homme) et celle qui a trait au temps libre. Faute de quoi, les oisifs se révolteront et casseront l'usine. D'ailleurs, il ne faudrait pas employer ce mot d'oisifs ; mieux vaudrait parler d'« humanité disponible ».

Léon Blum avait créé un ministère des loisirs. Il y a aujourd'hui la place pour un ministère responsable des bonheurs non liés à des tâches rentables.

Il va falloir inventer les moyens de rendre rentables des tâches utiles et qu'on néglige. Il n'est pas question, bien entendu, de revenir sur les progrès de l'automatisation. Si l'usine ne veut pas faire faillite, il faut bien qu'elle vende au même prix que le concurrent asiatique qui ne paie pratiquement pas de charges sociales. Pour créer ces tâches utiles, il suffit d'un peu d'imagination. Par exemple, on nous parle tous les étés des incendies de forêts... Or, on sait bien que ce ne sont pas les chênes ni les sapins qui brûlent d'abord, mais les broussailles. Jadis, avant qu'il y ait des machines, les ouvriers agricoles, qui n'avaient rien à faire pendant l'hiver, débroussaillaient. Aujourd'hui, on n'a plus besoin d'ouvriers agricoles. Du coup, on a de plus en plus de chômeurs enfermés dans les cages à lapins des immeubles en béton. Je suis convaincu que des jeunes de vingt, vingt-cinq ans qui ne trouvent ni travail ni logement seraient d'accord pour se mettre au service des régions et nettoyer les sous-bois… Si je n'étais pas si vieux, je m'attellerais à une tâche comme celle-là, et j'inciterais les jeunes à créer des coopératives pour ces travaux, et pour bien d'autres, leur rendant ainsi l'espoir de fonder une famille.

Il va falloir, plus que jamais, faire preuve d'imagination, d'une imagination respectueuse du réel.

Un ami américain m'a dit, mi-sérieux, mi-blagueur : « Un jour viendra où, lorsqu'il y aura surproduction alimentaire, on trouvera un truc pour envoyer ces surplus vers l'Antarctique, qui deviendra le frigo de l'humanité. »

Il faut continuer à investir de l'argent dans la recherche, et – pourquoi pas ? – dans la recherche spatiale. Mais pourquoi gaspiller l'argent dont on a tant besoin en conservant des laboratoires pour chaque nation alors qu'ils font les mêmes travaux ? Chacun gardant jalousement le secret, tout le monde y perd et son temps, et son argent. Que la communauté scientifique mondiale soit donc comme une grande famille où tous cherchent ensemble !

Nous sommes au début de grands bouleverse-
ments. Le monde est à recréer. Il nous faut continuer de chercher, d'inventer. Et nous sommes
condamnés à le faire ensemble : le savant américain avec l'Indien et le Russe, le militant syndica-
liste avec le patron, les nations prospères avec les
pays défavorisés...

Regardons la réalité telle qu'elle est : partout
dans le monde, on met en place l'automatisation :
des robots permettent de produire plus vite et
mieux qu'avec la main-d'œuvre humaine. En
même temps, des ingénieurs russes vont se louer à
Hong-Kong pour un salaire cinquante fois supérieur à celui qu'ils avaient chez eux. En Asie du
Sud-Est, techniciens de haut niveau et main-
d'œuvre bon marché font tout basculer. Toutes
les relations économiques sont à revoir.

Un débat comme celui du GATT n'est pas
sérieux si on n'offre pas même un tabouret au
tiers monde. Quand on voit, dans une même
émission de télévision, des paysans français – qui
pourtant ne sont pas des « méchants » – jeter leur
blé devant une préfecture, et des enfants de
Somalie devenus cadavres vivants... on doute de
l'intelligence humaine.

La Terre ne produit pas trop. Mais elle produit
davantage qu'il n'y a de consommateurs solvables.
Comment seraient-ils solvables, les affamés, alors
qu'on ne paie pas à leur juste prix le cuivre, le
cacao, les ananas ?... Et ce juste prix, est-ce celui

qui résulte de la concurrence ou celui qui permet de vivre aux hommes dont le travail nous est utile ? Ceux qui, chez nous, touchent les intérêts de l'argent qu'ils ont placé à la banque ne se rendent pas compte qu'ils spéculent sur la dette du tiers monde et qu'ils perçoivent là, sous une autre forme, la sueur de celui qui extrait le cuivre ou qui récolte le cacao, les ananas !

Si on ne revoit pas ce prétendu équilibre mondial, on va vers la catastrophe, l'explosion du désespoir des « de trop », des affamés, des « mis au rebut ».

Pour la première fois dans l'histoire de l'humanité, on ne se sauvera pas les uns sans les autres. L'humanité, c'est une tribu qui doit traverser un désert, conquérir plus qu'un continent : la Terre. On ne peut laisser massacrer les plus faibles... Il faudra retrouver une place pour chacun, une place utile. Autrefois, même l'idiot du village avait la sienne : il tirait le soufflet du forgeron, il mettait le bois dans le four communal... Nous avons à réinventer le village de la Terre, avec une place pour chacun, depuis le plus doué jusqu'au minus.

Nous sommes au pied d'une montagne. Des montagnes ont été gravies par des générations avant nous. Par la mienne, par les nôtres. Mais cette fois nous entrons dans une période qui n'est comparable à aucune autre : tout est global, tout est planétaire. Il faut donc refaire la cordée pour gravir cette montagne. Et là, tu joues ou tu ne joues pas. Tu n'as pas à choisir. À celui qui hésite – « On me demande trop, je ne sais pas, je ne peux pas… » – il faut dire : « Rassure-toi, de toute façon ça se fera. Tu y participeras, parce que tu y seras entraîné. Le courant t'emportera, bon gré mal gré. » Et ceux qui voudront lutter contre le courant, eh bien, ils boiront le bouillon ! C'est dans la mesure où l'on sera de bon gré, même sans avoir pris d'initiative, que ça se fera. Douloureusement. Mais ça n'a pas été marrant pour nous non plus de vivre le siècle qui se termine : deux guerres mondiales, les dictatures, la shoah… Ça n'était jamais arrivé, avec cette ampleur, dans l'histoire de l'humanité. Bon, on l'a vécu.

Avec la menace de la destruction de la planète, avec la mondialisation de l'économie, un autre type d'homme est né. À ceux qui sont au seuil de l'âge adulte, je dis : « Allez-y. Prenez vos risques ! »

XXVII

Une humanité plus humaine

Je n'éprouve aucune nostalgie de l'enfance, de la jeunesse, aucune nostalgie des jours anciens. À quoi ça sert de pleurnicher sur ce qui a été ? Occupons-nous de choses sérieuses.

L'histoire de l'humanité me passionne, et plus j'y réfléchis, plus je la vois comme une succession d'humanités, radicalement différentes entre elles. Avec la maîtrise du feu, l'invention de la roue, celle de l'agriculture... et, plus près de nous, la machine à vapeur et l'électricité. Soudain tout bascule et l'homme n'est plus le même.

Et la prise de conscience du cosmos ! Les savants en sont déjà à plus de deux milliards de galaxies et, avec le télescope par satellite, on nous promet d'autres mondes encore. J'attends avec impatience ce que vont nous dire ceux qui mettront leur œil à l'oculaire...

Nous voici arrivés au seuil d'émerveillements imprévisibles, et en même temps à un niveau de cruauté qui, hier encore, était inimaginable.

Méditer sur ces réalités me conduit à la conviction qu'il ne s'agit pas tellement de s'interroger sur l'existence du bien et du mal, mais de se rendre à l'évidence que ce qui existe, c'est la liberté.

Aujourd'hui, l'humanité sait tout. Elle sait même qu'elle peut s'autodétruire. Avec la fin de l'affrontement entre les deux blocs, elle se regarde soudain dans la glace. Au temps du « vilain méchant rouge », les Américains (et nous aussi !) pouvaient se contenter de se dire – et de dire à une partie du monde – qu'ils étaient les « bons ». Aujourd'hui, ils sont obligés de voir dans le miroir non seulement les pauvres, plus nombreux que jamais, mais aussi les classes moyennes, exposées au chômage et qui vivent dans la peur.

L'humanité voit exister en même temps – comble de l'absurde ! – la surproduction et la surfamine et, parce qu'il y a abondance, les hommes désespérer. Ils désespèrent, les hommes, parce qu'ils sont de moins en moins utiles : la robotisation à l'échelle mondiale a détruit l'équilibre plus que millénaire qui était assuré par le travail. À quoi vont-ils servir demain ? Il va bien falloir qu'ils trouvent d'autres raisons d'être que « produire, manger, dormir ». Il va bien falloir que, même dans le chaos, ils inventent une autre manière de vivre. Ils y réussiront, j'ai confiance.

Tout cela fait un homme nouveau.

Une partie de l'humanité ira au désert, on verra se créer des communautés qui voudront vivre dans la pauvreté évangélique ; une autre partie vivra de la drogue et de commerces meurtriers. Quant à la multitude, elle sera ballottée entre les moines et les trafiquants. Elle devra s'inventer des tâches nouvelles, créer sa culture originale. Ça ne sera pas du tout-cuit. Et peut-être qu'au bout du compte, l'histoire humaine se révélera n'avoir été, au travers de toutes ces contradictions et détours, que la marche de l'homme vers la reconnaissance de ce qu'il est : plus qu'un individu, une personne, c'est-à-dire, en chacun, signe de plus que lui-même.

Si je peux transmettre une certitude à ceux qui vont mener la lutte pour mettre plus d'humanité en tout, c'est – décidément, je ne peux pas écrire autre chose – : « La vie, c'est apprendre à aimer. »

À suivre...

Table des matières

CHEZ LE MÊME ÉDITEUR :

Abbé Pierre, *Emmaüs, ou venger l'homme,* entretiens avec Bernard Chevallier, Centurion 1979.

Lucie Coutaz, *40 ans avec l'Abbé Pierre,* Centurion 1989.

Benoit Marchon, *L'Abbé Pierre et l'espoir d'Emmaüs,* un album de bandes dessinées illustré par Léo Beker, Centurion/Astrapi, 1987.

N° d'éditeur : 1700
N° d'imprimeur : I4-0258
Dépôt légal : janvier 1994

Achevé d'imprimer le 9 février 1994
dans les ateliers de Normandie Roto Impression s.a.
61250 Lonrai